1도 모르는
사람을 위한
챗GPT 입문서

5분 뚝딱
챗GPT

1도 모르는
사람을 위한
챗GPT 입문서

5분 뚝딱
챗GPT

ChatGPT 비즈니스 연구회 지음
송태욱 옮김

북스토리

이 책의 주의점

- 이 책은 2023년 8월 기준으로 챗GPT와 Bing챗 검색, 크롬 확장 기능을 사용했습니다.
- 제품, 서비스, 애플리케이션의 개요 등은 사전에 알리지 않고 내용 · 가격이 변경되기도 하고 판매 · 배포가 중지되는 일이 있습니다. 미리 양해를 구합니다.
- OS의 버전과 기종에 따라 동작과 화면이 다른 경우가 있습니다.
- 이 책에 게재한 애플리케이션 이름, 회사명, 제품명 등은 미국 및 기타 국가의 등록상표 또는 상표입니다. 이 책에서 TM, © 마크는 명기하지 않습니다.
- 이 책에 게재한 내용에 기초하여 조작하는 경우, 조작 실수 등에 의한 결함의 책임은 질 수 없습니다.
- 이 책에서는 분량 관계로 챗GPT나 Bing챗 검색의 응답 일부를 생략했습니다. 생략한 부분에는 '중략' 또는 '후략'으로 표시했습니다.
- 챗GPT나 Bing챗 검색은 매번 다른 응답을 합니다. 이 책에 게재한 응답은 한 예에 지나지 않습니다.

머 리 말

2022년 11월 30일에 공개된 챗GPT는 역사상 가장 빠른 속도로 사용자가 늘어나 두 달 만에 활성 이용자 수가 1억 명에 달했습니다. 이는 틱톡과 인스타그램의 기록을 크게 앞선 것입니다. 뉴스에도 자주 나왔기에 여러분도 '챗GPT'라는 말을 들어본 적이 있을 것입니다.

다만 실제로 이용해본 적이 있는 사람은 아직 그리 많지 않습니다. 이용해봤지만 "무엇에 쓸 수 있는지 잘 모르겠다" "잘못된 정보만 제시한다"라고 생각하는 사람도 많을 것입니다. 또는 "자신의 일자리가 없어질지도 모르겠다" "AI가 인류를 멸망시키는 게 아닐까" 하며 두려워하는 사람도 있을지 모릅니다. 챗GPT에 대해 어떤 평가를 내리든, 일단 그것이 어떤 것인지 알아야 올바르게 평가할 수 있습니다.

이 책은 챗GPT 초보자를 위해 만들었습니다. 이용을 시작하기 위한 등록 방법부터 다양한 사용법까지 소개했습니다. 특히 비즈니스 적용 사례에 중점을 두고 예시를 모아두었습니다.

챗GPT는 무척 뛰어난 시스템이지만, 현시점에서는 "아무렇게나 써도 효과적이다"라고 말하기는 어렵습니다. 올바른 활용 요령이 필요하며, 이 책에서는 챗GPT를 잘 다루기 위한 여러 가지 요령을 소개하고 있습니다. 이 책의 내용을 참고하여 꼭 스스로 챗GPT와 대화를 해보기 바랍니다. 직접 사용해보면 현시점에서 챗GPT가 가지는 가능성과 한계가 보일 것입니다.

또한 이 책에서 소개한 활용법 외에도 챗GPT는 다양한 방식으로 활용할 수 있습니다. 예를 들어 프로그래밍에 활용하면 무척 편리합니다. 프로그래밍을 할 수 없는 사람이나 서툰 사람이라도, 기본 지식만 있으면 간단한 애플리케이션을 만들 수 있습니다. 이 책을 읽고 챗GPT에 흥미를 가진다면 꼭 인터넷에서 더 많은 정보와 활용법을 찾아보시기를 추천합니다.

이 책이 여러분의 일상과 업무에서 챗GPT를 잘 활용하는 데 도움이 되기를 바랍니다.

1도 모르는
사람을 위한
챗GPT 입문서

5분 뚝딱
챗GPT

CONTENTS

CHAPTER

4 챗GPT로 문서를 작성해보자

CHAPTER

5 챗GPT로 문자 데이터를 처리해보자

CHAPTER
8 챗GPT를 좀 더 잘 다루기 위해서는

CHAPTER1

챗GPT를
사용하기 전에

01 챗GPT란 무엇인가

 챗GPT의 구조

챗GPT는 2022년 11월에 등장하여 눈 깜짝할 사이에 전 세계 많은 사람들이 이용하게 되었습니다. 현재는 IT 업계뿐만 아니라 정부나 일반 기업, 학교, 가정에까지 영향을 미치고 있습니다. 우선 챗GPT가 어떤 것인지 간단히 설명하겠습니다.

챗GPT(Chat Generative Pre-trained Transformer)는 미국 OpenAI사가 개발한 챗봇입니다. 이 시스템은 사용자가 문장을 입력하면 해당 입력에 기반하여 반응하는 문장을 생성합니다. 이전에 있었던 AI와 비교하면, 챗GPT의 응답은 매우 자연스러우며 때로는 마치 인간이 작성한 것처럼 보입니다.

어떻게 그런 일이 가능할까요. 아주 간단히 챗GPT의 구조를 설명하겠습니다. 챗GPT는 'GPT-3.5'라는 대규모 언어 모델(Large Language Model)을 기반으로 작동합니다. 대규모 언어 모델은 자연 언어나 프로그래밍 언어에 의한 대량의 용례를 모아 심층 학습을 통해 단어 사이의 연결을 계산하여 입력된 말 뒤에 어떤 말이 이어질 확률이 높은지를 도출하는 것입니다.

이용자

질문 · 지시
(프롬프트)

응답

챗GPT

이용자가 챗GPT에 질문이나 지시를 보내고, 그것에 대해 챗GPT가 응답한다. 이용자가 보내는 질문이나 지시를 '프롬프트'라고 한다.

챗GPT는 입력된 문장(이 책에서는 '프롬프트'라고 합니다)에 대한 응답을 이 언어 모델의 계산을 기반으로 생성하며, 이 응답은 대화가 자연스럽게 진행될 수 있도록 디자인되어 있습니다.

챗GPT로 할 수 있는 것

챗GPT는 이전에 'AI'라 불렸던 제품과는 현격한 차이가 나는 정밀도와 유연성을 가지고 있습니다. 이는 사용하는 대규모 언어 모델(GPT-3.5)이 이전 것보다 훨씬 거대하기 때문입니다. 대량의 용례를 모아 심층 학습을 진행함으로써 출력의 품질이 대폭 개선되어 **조건에 따라서는 인간이 쓴 글로 오인할 만한 퀄리티의 응답을 얻을 수 있게 되었습니다.**

이를 이용하여 다음과 같은 용도로 쓸 수 있습니다.

- 단어나 문장의 의미를 설명하게 한다
- 외국어를 번역하게 한다
- 조건에 맞는 글을 쓰게 한다
- 프로그램의 코드를 쓰게 한다
- 문장을 수정하게 한다
- 일상적인 대화에 적확하게 반응하게 한다

이 외에도 사용법은 무궁무진합니다. 이 책에서 다룬 것은 그중 일부에 지나지 않습니다.

ⓥ 개념의 의미를 배운다

옛날부터 있는 개념에 대해서는, 다소 어려운 개념이라고
해도 챗GPT가 설명해준다.

ⓥ 프로그램의 코드를 쓰게 한다

챗GPT는 프로그래밍에도 도움이 된다. 동작과 언어를 지
정하면 코드를 쓰게 할 수 있다.

ⓥ 반드시 이해해두어야 할 점

챗GPT의 작동 원리에서 반드시 이해해두어야 하는 것은, 챗GPT는 뭔가를 사
고하여 응답을 작성하지는 않는다는 점입니다. 또는 내부적으로 체계적인 지식
을 보유하고 있어, 그를 기반으로 응답을 생성하는 것도 아닙니다. 단순히 **입력
된 프롬프트에 대해 자주 사용되는 문구나 패턴을 염주처럼 쭉 엮어 출력하는 것
입니다. 그때 어떤 말을 출력할지 결정하는 기준은 확률에 기반합니다.** 즉, 항상
자주 나오는 응답만을 제공하는 것이 아니라, 상황에 따라 다양한 응답을 제시할
수 있습니다.

이렇게 작동하기 때문에 "지극히 일반적인 질문을 하면 지극히 당연한 응답이
돌아온다" "질문할 때마다 응답이 달라진다"라는 상황이 발생합니다. "챗GPT의
응답은 뻔하다"라든가 "물을 때마다 다른 응답이 나온다"라는 비판은 이 시스템
의 기본적인 작동 원리를 정확히 이해하지 못한 데서 나온 것일 수도 있습니다.

✅ 일반적인 질문에 대해서는 지극히 당연한 응답이 나온다

일반적이고 조건이 적은 질문에 대해서는 당연한 응답이 나온다. "뻔하다"라는 인상을 받을지도 모른다.

✅ 같은 질문이라도 다른 응답이 나온다

프롬프트가 같다고 해서 같은 응답이 나오지는 않는다. 상당히 다른 응답이 나올 수 있다.

CHAPTER 1

02 챗GPT를 사용할 때의 주의점

◀ 잘 다루기 위해서는 어떻게 해야 하나

앞서 설명했듯 챗GPT의 잠재력은 매우 큽니다. 어떤 것을 물어도 반드시 응답을 얻을 수 있습니다. 프롬프트를 다양하게 활용하면, 다양한 스타일과 문체로 응답을 얻을 수 있어 끊임없이 물어보고 싶어집니다.

그래서 챗GPT를 이용할 때 주의해야 할 점 몇 가지를 들어보겠습니다.

⊘ 계산은 잘하지 못한다

챗GPT가 이용하는 GPT-3.5는 애초에 대규모 언어 모델이어서 수치 계산이나 논리 계산을 위한 구조를 내장하고 있지 않습니다. 그 때문에 초등학생도 할 수 있는 다섯 자릿수 숫자끼리 덧셈도 틀린 답을 냅니다. 물론 고등학생이 학습하는 고도의 수학 문제도 풀 수 없습니다.

⊘ 논리적인 추론을 할 수 없다

챗GPT와 대화를 거듭하고 있으면 논리적인 추론을 하는 것처럼 느껴질지도 모릅니다. 하지만 실제로는 그렇지 않습니다. 논리적으로 추론하듯 대규모 언어 모델에서 말을 가져와 조립해서 돌려줄 뿐입니다. 그 때문에 논리 퍼즐 같은 질문에 정답을 낼 수가 없는 것입니다.

⊘ 응답이 꼭 안전하다고는 할 수 없다

챗GPT가 이용하는 GPT-3.5 안에는 범죄에 이용되는 위험한 정보도 포함되어 있다고 합니다. 그러나 프롬프트에서 그 정보를 물어도 챗GPT는 대답할 수 없도록 설정되어 있습니다.

하지만 다양한 프롬프트를 활용하여 위험한 정보를 끌어내려고 시도한 경우, 아주 드물게 그 시도에 성공하는 경우가 있습니다.

⊘ 검색 엔진을 대신할 수는 없다

GPT-3.5는 2021년까지의 정보만을 포함하고 있습니다. 그 때문에 최신 정보를 물으면 오래된 정보로 응답할 수 있습니다. 예컨대 챗GPT에게 "현재의 한국 대통령은 누구인가"라고 물으면 "문재인"이라고 예전 정보에 기초한 응답을 합니다(현재 대통령은 '윤석열'입니다). 그러므로 최신 정보를 알고 싶다면 일반 검색 엔진을 사용해야 합니다.

⊘ 기밀 사항을 입력해서는 안 된다

챗GPT는 이용자가 입력한 프롬프트를 서비스 개선을 위해 이용하는 일이 있습니다. 다시 말해 입력한 프롬프트의 일부가 다른 이용자의 질문에 대한 응답에 활용될 가능성도 있습니다. 만약 기밀 사항을 입력한다면 챗GPT의 학습 데이터를 경유하여 유출될 가능성이 있습니다. 회사의 비밀 정보나 개인 정보를 입력하는 것은 위험합니다.

⊘ 정답이 아니라 조언이나 아이디어를 구하는 데 적합

이미 말한 것처럼 올바른 지식을 정리하여 내장하고 있는 것은 아니기에 어떤 문제에 대해 정답을 찾는 데는 적합하지 않습니다. 하지만 프롬프트와 관련된 정보를 연결하고 출력하는 능력이 뛰어납니다. 이런 특성으로 인해 조언이나 아이디어를 구하는 식으로 활용하면 상당한 힘을 발휘할 수 있습니다. 예컨대 어떤 기획을 생각하게 하는 일은 챗GPT에 적합합니다. 챗GPT의 응답을 시안으로 삼아 출력하고, 그것을 다시 챗GPT에서 다듬어가는 방법도 가능합니다.

ⓥ 자동 기사 생성은 어렵다

챗GPT가 등장한 직후에는 "SEO(Search Engine Optimization, 검색 엔진 최적화) 목적의 기사는 챗GPT에서 자동 생성할 수 있지 않을까"라고들 했습니다. 웹 라이터라 불리는 사람들이 일자리를 잃게 되지 않을까 우려했습니다. 하지만 현재는 챗GPT로 자동 기사 생성은 어렵다는 결론으로 귀결되고 있습니다.

챗GPT에 테마를 주고 글을 쓰게 하면 확실히 어느 정도 길이의 기사는 작성할 수 있습니다. 다만 챗GPT의 성격상 "틀린 것이 포함된다" "극히 일반적인 이야기의 흐름밖에 쓸 수 없다"는 결과를 피하기 힘들어 결국 인간이 직접 내용을 검토하고 수정하는 작업이 필요합니다.

03 챗GPT의 유료 버전이란

굳이 사용료를 낼 가치가 있는가

이 책을 쓰고 있는 현재 챗GPT는 OpenAI 공식 사이트에 계정을 등록하기만 하면 무료로 이용할 수 있습니다(계정 등록에 대한 자세한 내용은 CHAPTER 2를 참조해주세요). 이에 비해서 유료 버전인 '챗GPT Plus'를 사용하려면 한 달에 20달러를 사용료로 내야합니다. 일반적으로 사용하는 데에는 무료 버전으로 충분하지만, 유료 버전에는 몇 가지 특별한 이점이 있습니다.

현재 챗GPT는 시간대에 따라 서비스 전체에 상당한 부하가 걸려 도중에 에러가 발생하거나 반응이 늦어질 수 있습니다. 하지만 **유료 버전에서는 항상 빠른 반응을 기대할 수 있습니다.**

또한 유료 버전에서는 대규모 언어 모델로서 **GPT-4를 사용한 버전의 챗GPT를 이용할 수 있습니다.** GPT-3.5와 GPT-4는 사용법에 따라서 큰 차이가 나기 때문에 챗GPT의 능력을 최대한 끌어내고 싶다면 유료 버전인 '챗GPT Plus'를 쓰는 것이 좋습니다.

창조력이 강하다

스토리를 만드는 GPT-4의 스킬은 GPT-3.5보다 상당히 좋아졌습니다. GPT-3.5로는 평범하고 짧은 이야기밖에 만들 수 없지만 GPT-4로는 복잡하고 긴 이야기를 만들 수 있습니다.

✅ 응답은 더욱 정확하다

GPT-3.5에 비해 GPT-4는 정확한 응답을 할 확률이 높다고 합니다. 이는 GPT-4의 언어 모델 규모가 GPT-3.5보다 상당히 크기 때문입니다. GPT-3.5보다 머리가 좋다고 해도 될 것입니다. 다만 잘못된 응답이 전혀 없지는 않습니다.

✅ '기억력'이 뛰어나다

챗GPT에서는 프롬프트에 조건을 붙이고 그것에 따라 응답하도록 지시할 수 있습니다. 그러나 대화를 계속해가면 어느새 그 조건을 잊어버리고 조건에 맞지 않은 응답을 하게 됩니다. 이는 조건 등을 기억해두는 메모리 영역이 부족했기 때문에 발생하는 현상입니다.

그런데 GPT-4에서는 그 메모리 영역이 늘어났습니다. 그 때문에 GPT-3.5보다 조건을 오래 기억할 수 있게 되어 '기억력'이 올라간 것처럼 보이는 것입니다.

또한 프롬프트에 한 번에 입력할 수 있는 글자 수도 늘어났습니다. GPT-3.5에서는 4,000자 정도라고 합니다만, GPT-4에서는 25,000자 정도까지 확장되었습니다. 약 여섯 배가 된 것입니다.

✅ 안정성이 높아졌다

GPT-4에서는 GPT-3.5에서보다 안정성이 높아져 위험한 정보가 응답에 포함되는 일이 줄어들었습니다. 이에 따라 더욱 폭넓게 쓰기 쉬워졌다고 할 수 있을 것입니다.

✅ 유료 버전 등록 방법

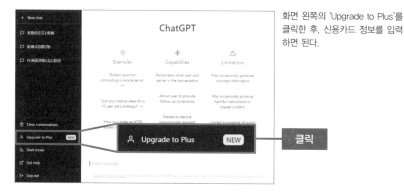

화면 왼쪽의 'Upgrade to Plus'를 클릭한 후, 신용카드 정보를 입력하면 된다.

ONE MORE

GPT-4는 프롬프트에 영상을 담을 수 있다

GPT-4에서는 영상을 입력에 사용할 수 있게 되었습니다(멀티 모달Multi Modal 대응). 프롬프트에 영상을 올리고 그 영상에 대해 설명하게 하는 식으로 이용할 수 있습니다. 다만 유감스럽게도 무료판 챗GPT에서는 그 기능을 사용할 수 없습니다.

CHAPTER2

챗GPT를
사용할 준비하기

01 챗GPT에 등록한다

챗GPT 계정을 만든다

챗GPT를 사용하기 위해서는 우선 공식 사이트에서 계정을 만들어야 합니다. 계정을 만들려면 이메일 주소와 SMS(Short Message Service)를 수신할 수 있는 전화번호가 필요합니다. 그러므로 미리 준비해두고 작성을 시작해야 합니다. 여기서는 구글 크롬을 사용한 순서를 설명하겠습니다.

1 공식 사이트에 접속한다

OpenAI의 페이지(https://openai.com/)를 열면 이 화면이 나온다. 여기서 'Try ChatGPT'를 클릭한다.

2 Sign up을 실행한다

챗GPT의 로그인 화면이 나온다. 'Sign up'(회원가입)을 클릭한다.

3 이메일 주소를 입력한다

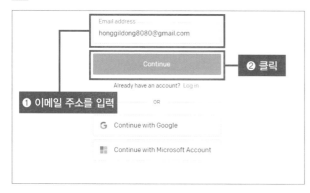

'Email address'에 이메일
주소를 입력하고 'Continue'
를 클릭한다.

로그인할 때 구글 계정이나
마이크로소프트 계정을 이용
하고 싶은 경우에는 아래에
있는 버튼을 클릭합니다. 이
경우, 다음의 패스워드 입력
은 건너뛰어도 됩니다.

4 패스워드를 정한다

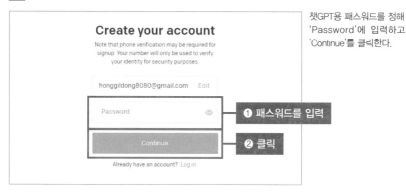

챗GPT용 패스워드를 정해
'Password'에 입력하고
'Continue'를 클릭한다.

5 이메일 주소를 인증한다

입력한 이메일 주소로 온
메일을 열고 'Verify email
address'를 클릭한다.

6 이름을 입력한다

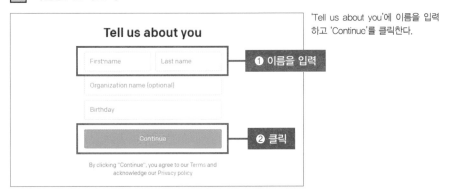

'Tell us about you'에 이름을 입력
하고 'Continue'를 클릭한다.

7 전화번호를 입력한다

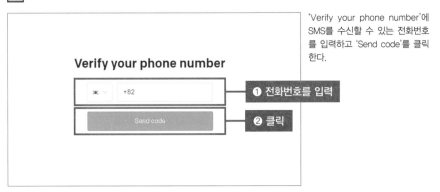

'Verify your phone number'에
SMS를 수신할 수 있는 전화번호
를 입력하고 'Send code'를 클릭
한다.

8 도착한 코드를 입력한다

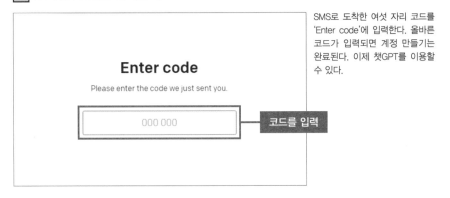

SMS로 도착한 여섯 자리 코드를
'Enter code'에 입력한다. 올바른
코드가 입력되면 계정 만들기는
완료된다. 이제 챗GPT를 이용할
수 있다.

CHAPTER 2
02 챗GPT의 사용법을 배운다

챗GPT에서 새로운 챗을 시작한다

챗GPT의 기본적인 사용법은 다른 일반적인 채팅 애플리케이션과 비슷합니다. 물어보고 싶은 것을 입력하면 챗GPT가 응답해줍니다. 그러므로 알고 싶은 것을 질문하며 대화를 이어나가기만 하면 됩니다.

챗GPT에서는 질문을 '프롬프트'라고 합니다. 프롬프트의 내용이 상세할수록 정밀도가 높은 응답을 얻을 수 있습니다. 또한 **챗GPT는 같은 프롬프트를 입력해도 매번 다른 표현으로 응답합니다.** 따라서 응답의 내용이 마음에 들지 않으면 다시 입력하여 다른 응답을 받아볼 수 있습니다.

1 질문을 입력한다

챗GPT의 페이지(https://chat.openai.com/)를 열고 박스에 질문을 입력한다. 종이비행기 아이콘을 클릭한다.

2 응답이 표시된다

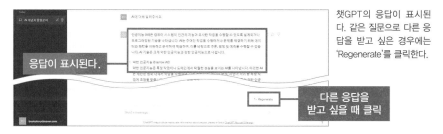

챗GPT의 응답이 표시된다. 같은 질문으로 다른 응답을 받고 싶은 경우에는 'Regenerate'를 클릭한다.

3 이어서 질문한다

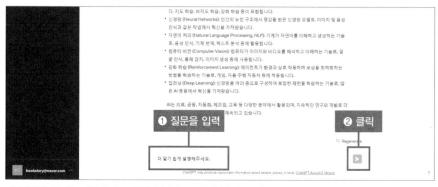

거듭 질문을 할 때는 같은 순서로 질문을 입력하고 종이비행기 아이콘을 클릭한다.

4 응답이 표시된다

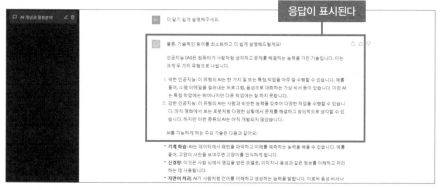

이어진 질문에 대한 응답이 표시된다. 앞 질문과 관련된 것이면 이야기의 흐름에 따른 응답이 표시된다.

5 응답을 도중에 멈춘다

응답을 도중에 멈추기 위해서는 'Stop generating'을 클릭한다. 프롬 프트를 갱신하고 싶을 때나 응답이 요점에서 벗어났다는 것을 알았을 때 사용하면 편리하다.

새로운 챗을 작성한다

챗GPT는 이전 프롬프트와 응답 내용을 기억하고 있어서 다른 화제로 옮겨가고 싶을 때 그대로 대화를 이어가면 이상한 응답을 하는 경우가 있습니다. 그 때문에 **다른 화제로 바꾸고 싶을 때는 새로운 챗을 작성합니다.** 한편 챗GPT에서는 과거의 챗을 저장하고 있어서 **이력에서 이전 챗을 불러오면 그다음부터 이어서 재개할 수도 있습니다.**

1 새로운 챗을 작성한다

새로운 챗을 작성하려면 화면 왼쪽 위에 있는 'New chat'을 클릭한다.

2 챗을 시작한다

새로운 챗 화면이 열린다. 이제 이전과 마찬가지로 질문을 입력하여 챗을 시작하면 된다.

3 이전의 챗을 연다

화면 왼쪽 위에는 과거의 챗 이력이 표시되어 있다. 이력을 클릭하면 그 챗을 다시 열 수 있다.

03 스마트폰으로 챗GPT를 사용하려면

스마트폰으로 챗GPT 계정을 만든다

스마트폰용 챗GPT 공식 애플리케이션이 5월 25일에 출시되었습니다. **덕분에 더 쉽게 챗GPT에 가입하여 사용할 수 있게 되었습니다.** 공식이 아닌 스마트폰용 챗GPT 애플리케이션도 존재하지만, 대부분 애플리케이션 내 과금이 따로 존재하며, 이용할 만한 특별한 이점도 없기에 추천하지는 않습니다.

여기서는 iPhone으로 앱스토어에서 다운을 받아서 진행하겠습니다.

1 앱스토어에 들어가서 다운을 받는다   **2** 이메일 주소를 입력한다

앱스토어에서 다운을 받은 후 클릭하면 이 화면이 뜬다. 'Log in'이라고 쓰인 부분을 터치한다. 로그인에 애플, 구글, 마이크로소프트 계정을 이용하고 싶은 경우는 해당 버튼을 터치한다.

'Email address'에 이메일 주소를 입력하고 'Continue'를 터치한다.

3 패스워드를 정한다

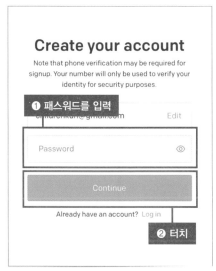

챗GPT용 패스워드를 정해 'Password'에 입력하고 'Continue'를 터치한다.

4 확인 메일 발송

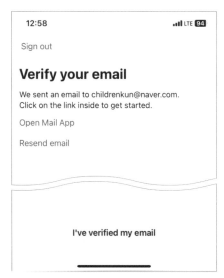

앞에서 입력한 이메일 주소로 확인 메일이 온다.

5 메일을 체크한다

확인 메일이 오면 'Verify email address'를 터치한다.

6 이용자 이름을 입력한다

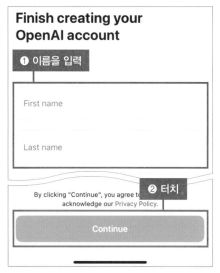

이름을 입력하고 'Continue'를 터치한다.

7 주의사항 등이 표시된다

Welcome to ChatGPT

This official app is free, syncs your history across devices, and brings you the latest model improvements from OpenAI.

ChatGPT can be inaccurate
ChatGPT may provide inaccurate information about people, places, or facts.

Don't share sensitive info
Chats may be reviewed by our AI trainers to improve our systems.

Control your chat history
Decide whether new chats on this device will appear in your history and be used to improve our systems.

사용하기 전에 알아둘 주의사항이 영어로 표시된다. 'Continue'를 터치해서 다음 화면으로 나아간다.

8 조작 화면이 표시된다

ChatGPT●

프롬프트를 여기에 입력

Plan a trip
to explore the rock formations in Cappadocia, Turkey

Message

조작 화면이 표시된다. 이 화면의 맨 아래에 입력란이 있다. 거기에 프롬프트를 입력하면 된다.

스마트폰으로 챗GPT를 이용해보자

1 프롬프트의 입력란을 연다

화면 아래의 입력란을 터치한다.

2 프롬프트를 입력한다

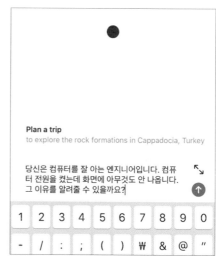

프롬프트를 입력하고 오른쪽 아래의 ↑아이콘을 터치한다.

3 응답이 나온다

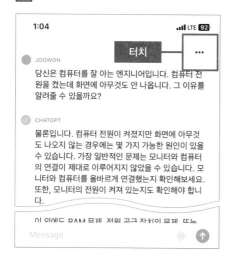

응답이 표시된다. 화면 아래의 입력란에 이어서 프롬프트를 입력할 수도 있고, 오른쪽 위의 '…' 아이콘을 터치해서 새로운 대화를 시작할 수도 있다.

4 새로운 화면이 표시된다

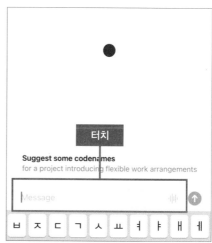

순서 3 에서 '+' 아이콘을 터치하면 로그인 직후의 화면이 다시 표시된다. 화면 아래의 입력란을 터치하면 새로운 프롬프트를 입력할 수 있다.

《꠸ 그 밖의 기능을 이용한다

1 메뉴를 표시한다

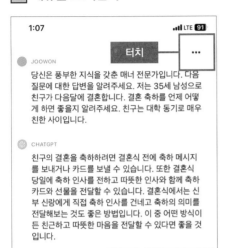

메뉴를 표시하려면 화면 왼쪽 위의 '···'를 터치한다.

2 History를 선택한다

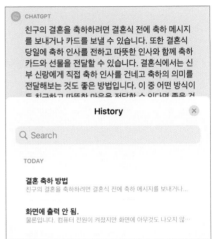

지금까지 대화한 챗의 타이틀이 표시된다. 터치하면 선택한 챗이 표시된다.

3 챗의 타이틀을 변경한다

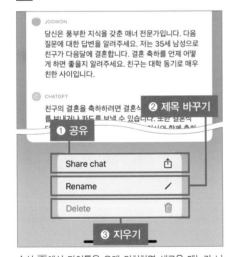

순서 2 에서 타이틀을 오래 터치하면 새로운 메뉴가 나온다. "Share chat"으로 챗을 공유하거나 "Rename"으로 챗의 제목을 변경하거나 "Delete"로 챗을 지울 수 있다.

4 다른 설정을 변경한다

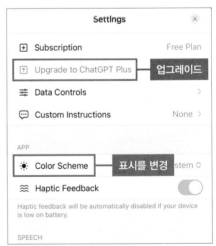

메뉴에서 'Setting'을 터치하면 설정을 바꿀 수 있다. 'Upgrade to ChatGPTPlus'에서 챗GPT Plus로 업그레이드할 수 있다. 'Color Scheme'을 터치하면 화면을 다크 모드로 변경할 수 있다.

CHAPTER 2
04 카카오톡에서 챗GPT를 이용한다

✦ 'AskUp'을 친구로 추가한다

챗GPT를 지금 당장 시험해보고 싶으나 계정 등록이 번거롭게 느껴질 수 있습니다. 카카오톡을 사용하고 있다면 'AskUp'이라는 서비스를 추천합니다. 카카오톡에서 챗GPT를 이용할 수 있는 서비스로, **'AskUp'을 친구로 등록하기만 하면 챗GPT와 대화할 수 있습니다.** 매일 자정에 충전되는 100개의 크레딧을 이용하면 무료로 하루에 최대 100개의 문답을 이용할 수 있습니다.

1 '친구' 탭에서 검색

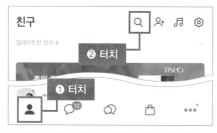

카카오톡의 '친구' 탭을 열고 검색 아이콘을 터치한다.

2 AskUp을 검색창에 넣는다

추천 친구로 화면에 뜬다.

3 친구로 추가한다

친구 등록 화면이 표시된다. 채널 '추가'를 터치한다. 이제 AI 챗을 이용할 수 있다.

 AskUp과 채팅한다

AskUp을 카카오톡 친구로 등록했다면 곧바로 챗을 사용할 수 있습니다. 사용법은 보통의 카카오톡 대화와 마찬가지로 화면 아래의 문자 입력란에, 묻고 싶은 것을 입력하기만 하면 됩니다. 몇 초 후에 AI가 응답할 것입니다.

1 'AskUp'을 표시한다

카카오톡 '대화' 탭을 열고 'AskUp'을 터치한다.

2 대화를 시작한다

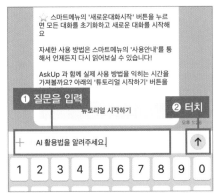

대화 화면이 표시된다. 묻고 싶은 질문을 입력하고 아이콘을 터치한다.

3 응답이 표시된다

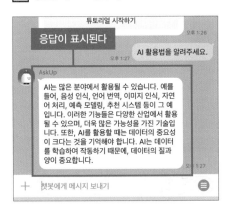

대화를 보낸 후 몇 초 지나면 AI의 응답이 표시된다.

4 새롭게 대화를 시작한다

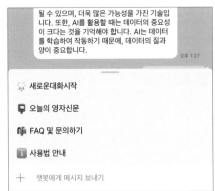

새로운 대화 시작으로 다른 질문을 입력한다.

챗GPT로
글을 편집해보자

01 글의 오류를 수정한다

🔧 간단한 교정도 챗GPT로 할 수 있다

챗GPT는 글을 쓸 뿐만 아니라 글의 구성과 표현, 문법의 오류 확인 등 기본적인 교정도 할 수 있습니다. 글을 교정하기 위해서는 "다음 글을 교정해주세요"라고 지시한 후 글을 입력합니다.

BS

다음 글을 교정해주세요.

지난번에 협의한 건에 대해 프로젝트 계획의 변경을 제안해보고 싶다. 이번 주 안에 다 같이 모여 협의하고 새로운 아이디어를 제안하는 것이 좋을지도 모르겠네요.

AI

아래는 제공된 텍스트를 수정한 예입니다.

지난번에 협의한 건에 대해 프로젝트 계획의 변경을 제안하고 싶습니다. 이번 주 안에 여러분과 함께 모여 협의하고 새로운 아이디어를 제안하는 것이 좋을 것 같습니다.

ONE MORE

질문 도중에 줄을 바꾸기 위해서는

질문 도중에 줄을 바꾸고 싶을 때 Enter 키를 누르면 그대로 질문이 올라가게 됩니다. 위 프롬프트처럼 질문 도중에 줄을 바꾸고 싶을 때는 Shift 키를 누르면서 Enter 키를 눌러야 합니다.

CHAPTER 3
02 수정한 곳을 확인한다

어디를 고쳤는지도 한눈에 확인할 수 있다

챗GPT의 응답은 항상 옳다고는 할 수 없습니다. 그러므로 수정할 때 이상한 글로 만들어버릴 가능성이 있습니다. 그러므로 수정한 글을 그대로 사용하는 것이 아니라 어디가 변경되었는지 반드시 확인해두는 것이 좋습니다. 이 경우 눈으로 대조하며 확인하기는 번거롭습니다. 따라서 어디를 어떻게 변경했는지 직접 물어보는 것이 가장 효율적인 방법일 것입니다.

여기서는 앞의 교정 결과에 이어서 프롬프트를 입력했습니다.

BS 어디를 수정했는지 알려주세요.

AI 수정한 곳은 다음과 같습니다.

- "제안해보고 싶다"라는 표현을 "제안하고 싶습니다"로 수정했습니다.
- "다 같이 모여"라는 표현을 "여러분과 함께 모여"로 수정했습니다.
- "제안하는 것이 좋을지도 모르겠네요"라는 표현을 "제안하는 것이 좋을 것 같습니다"로 수정했습니다.

ONE MORE
글을 쓰는 요점도 확인할 수 있다

글을 수정하게 한 후 "앞으로 비슷한 글을 쓸 때 주의해야 하는 점을 알려주세요"라는 식으로 물어보면, 비슷한 글을 쓸 때의 요점을 배울 수 있습니다.

ⓒ 수정과 동시에 고친 것을 물어볼 수 있다

교정을 의뢰할 때 수정 전과 수정 후의 차이를 설명해달라는 요청을 추가하면 교정된 글과 수정된 부분의 피드백을 받을 수 있습니다. 글을 쓸 때 주의해야 할 포인트를 파악하기 쉬워 더욱 효과적인 글쓰기를 할 수 있습니다.

BS 다음 글을 수정해주세요. 또 수정 전과 수정 후 글의 차이를 해설해주세요.

지난번에 협의한 건에 대해 프로젝트 계획의 변경을 제안해보고 싶어요. 이번 주 안에 다 같이 모여 협의하고 새로운 아이디어를 제안하는 것이 좋을지도 모르겠네요.

AI 수정 후의 글

지난번에 협의한 건에 대해 프로젝트 계획의 변경을 제안하고자 합니다. 이번 주 안에 다 같이 모여 서로 새로운 아이디어를 내놓기로 하는 게 어떨까 제안합니다. 잘 부탁드립니다.

수정 내용의 해설 :

1. "제안해보고 싶어요"를 "제안하고자 합니다"로 수정했습니다.
   "제안해보고 싶어요"는 구어적인 표현으로 정식 문장에서는 사용하지 않습니다. 그 대신 "제안하고자 합니다"를 썼습니다.
2. "제안하는 것이 좋을지도 모르겠네요"를 "제안합니다. 잘 부탁드립니다"로 수정했습니다.
   "제안하는 것이 좋을지도 모르겠네요"는 구어적인 표현으로 정식 문장에서는 사용하지 않습니다. 그 대신 "제안합니다. 잘 부탁드립니다"라는 정중한 표현으로 수정했습니다.

만약 **수정한 내용이 자신의 의도와 다른 경우, 개선하고 싶은 점이나 중요시하는 요점을 명확히 하고 나서 다시 지시합니다.** 예를 들어 문법 오류를 확인하고 싶다면 "다음 글의 문법을 체크해주세요. 특히 조사의 오용과 주술 관계 등을 체크해주세요" 등으로 지시합니다.

03 글을 요약한다

📡 장문을 읽기 쉬운 길이로 줄인다

쭉 훑어봐야 하는 글이 너무 긴 경우, **챗GPT에 대략적으로 요약하게 한 뒤에 읽으면 단시간에 글의 개요를 알 수 있습니다.** 항상 정확하다고는 할 수 없으나 내용을 대략 파악하고 싶을 때는 추천합니다.

BS 다음 글을 요약해주세요.

아웃룩은 윈도우용의 대표적인 메일 클라이언트로서 예전부터 비즈니스 이용자를 중심으로 이용되었고, 현재도 많은 기업에서 채택하고 있습니다. 메일만이 아니라 일정과 업무일지, 메모 등의 기능도 갖추고 있어 업무에 관한 정보를 종합적으로 관리하는 역할을 해줍니다.

그러나 아웃룩은 굉장히 다기능이기는 하지만 꼭 '우수한 애플리케이션'은 아닙니다. 우선 다기능이기 때문에 드러나는 약점으로서 어디에 어떤 기능이 있는지 잘 보이지 않습니다. 그것이 사용하기 힘든 한 원인입니다. 또 메일을 효율적으로 처리할 수 있다는 점에서는 'Gmail'이 더 뛰어난 점이 많고, 동작이 가볍다는 점에서는 'Thunderbird' 등의 애플리케이션이 더 유리합니다. 스케줄 관리에서도 '구글 캘린더' 같은 서비스를 이용하는 것이 더 효율적이라고 생각하는 사람이 늘어나고 있습니다.

더군다나 최근에는 "애초에 일에 관한 연락을 할 때 메일을 쓰는 것은 비효율적"이라는 사고를 배경으로 비즈니스챗이라 불리는 서비스를 이용하는 기업도 늘어나고 있습니다. 원활한 커뮤니케이션에 기초한 스피디한 의사결정이 요구되는 오늘날, "메일은 시대에 뒤처졌다"고 생각하는 날이 가까워졌는지도 모릅니다.

그렇다면 어떻게 해야 할까요. '쓰기 힘들다', '불편하다' 등의 불만을 늘어놔도 아무런 소용이 없습니다. 아웃룩이 쓰기 힘든 점을 해소하고 조금이라도 효율적으로 조작할 수 있도록 다양한 테크닉을 익혀야 합니다. 그리고 애플리케이션의 조작을 빠르게 하는 방법만이 아니라 메일의 글을 단시간에 쓰는 방법,

자신도 상대방도 시간을 허비하지 않아도 되는 메일을 쓰는 방법, 중요한 예정을 잊어버리시 않기 위한 관리 기술 등 비즈니스 현장에서 곧바로 도움이 되는 기술을 습득하는 것이 중요합니다.

 아웃룩은 비즈니스 이용자가 많이 쓰고 있다. 메일 이외에도 일정과 업무 일지, 메모 등의 기능이 있는데 사용하기 힘들다거나 비효율적이라는 문제가 있다. 최근에는 비즈니스챗을 쓰는 기업이 늘어나고, 메일이 시대에 뒤처진 것이 될 가능성이 있다. 아웃룩을 효율적으로 사용하기 위해서는 다양한 테크닉을 익힐 필요가 있다. 또 메일 쓰는 방법과 중요한 예정을 관리하는 방법 등 비즈니스 현장에서 곧바로 도움이 되는 기술도 습득할 필요가 있다.

글자 수를 지정할 수는 없지만, "좀 더 길게" "좀 더 짧게"라고 지시할 수는 있습니다.

 좀 더 짧게 요약해주세요.

 아웃룩은 비즈니스 이용자에게 인기가 있지만 사용하기 힘들고 비효율적이다. 비즈니스챗의 보급으로 메일이 시대에 뒤처진 것이 될 가능성이 있다. 아웃룩을 효율적으로 사용하기 위해서는 테크닉을 익힐 필요가 있다.

ONE MORE
좀 더 보기 쉽게 요약하고 싶다면 Markdown 형식을 쓴다

Markdown이란 HTML 등과 마찬가지로 문장을 기술하기 위한 마크업(markup) 언어의 하나입니다. 표제나 목록, 강조 등을 간단히 기술할 수 있는 것이 특징입니다. 챗GPT에서 Markdown 형식을 사용하도록 지시하면 표제나 목록을 적극적으로 사용한 응답을 얻을 수 있습니다. 글의 내용에 따라서는 좀처럼 표제나 목록을 사용하지 않는 경우가 있는데 그럴 때는 프롬프트에 "반드시 Markdown으로 기술해주세요"라고 덧붙이면 Markdown을 사용한 응답을 얻기 쉬워집니다.

CHAPTER 3
04 의미를 바꾸지 않고 글의 분량만 늘린다

자연스러운 형태로 지정한 글자 수에 다가간다

글자 수가 지정된 글을 써야 하는데 좀처럼 글자 수를 채우기 어려울 때가 있습니다. 그럴 때는 **챗GPT에 골격 부분을 입력하고 대체적인 글자 수를 지정하면 자연스러운 글이 완성됩니다.** 다만 지정된 글자 수에 딱 맞추기는 어렵기에 상당한 오차가 나는 경우가 있습니다.

BS 다음 글을, 의미를 바꾸지 않고 500자로 늘려주세요.

드디어 벚꽃이 만개하여 여의도 공원은 많은 사람으로 북적인다. 코로나-19의 영향으로 꽃놀이를 삼갔던 사람도 일제히 몰려나왔을 것이다.

AI 지난해는 전 세계적으로 코로나-19 팬데믹으로 많은 제약과 어려움을 겪었던 시기였습니다. 그로 인해 많은 이들이 사회적 거리 두기와 방역 수칙을 준수하며 일상의 다양한 활동을 즐기지 못했던 것은 사실입니다. 여의도 공원 또한 그런 제약으로 인해 한동안 쉼표를 찍었던 셈이죠. 그러나 이제는 밝고 향긋한 벚꽃을 보기 위해 이곳에 다시 사람들이 몰려오고 있습니다.
최근 몇 주간 날씨가 점점 따뜻해지면서 벚꽃이 서서히 피어나기 시작했습니다. 예년처럼 수많은 사람들이 꽃구경을 즐기기 위해 다시 한 번 모여들고 있습니다. 산책로를 따라 걷거나 풍경을 사진으로 담으며 자연과 함께하는 이 기쁨을 다시 누리는 순간들이 올 것입니다.
지난해와 달리 올해는 예방접종이 진행되면서 점진적으로 일상으로 돌아가는 모습을 보일 것으로 기대됩니다. 코로나-19의 그림자가 여전히 존재하지만, 우리는 지금까지의 어려움을 극복해내며 조금 더 안전하게 여행하고 즐길 수 있는 방법을 찾아나가고 있습니다.

여의도 공원에는 이제 벚꽃뿐만 아니라 사람들의 힘찬 웃음소리와 소풍의 장소로 활기가 돌아왔습니다. 함께 모여 행복을 나누는 순간들이 더욱 소중하게 느껴지는 시기일 것입니다. 앞으로 더 많은 사람들이 모여 이곳에서 행복한 시간을 보내며 삶의 아름다움을 만끽하길 바랍니다.

05 항목별 기재 방식으로 작성한 것을 문장으로 만든다

요점 목록을 문장으로 수정한다

글을 쓰고 싶은 경우, 글에 담을 포인트를 항목별 기재 방식으로 작성하고 나서 챗GPT에 읽기 쉬운 글의 형태로 수정해달라고 해도 됩니다. 다소 수정이 필요할지도 모르지만, 작업 시간을 대폭 단축할 수 있습니다. 한편 항목별 기재 방식으로 과감히 짤막하게 작성한 경우, 문장은 더 늘어나는 경우가 있습니다.

> **BS** 다음의 항목별 기재 방식으로 작성한 것을 글로 고쳐주세요.
> - 엑셀은 표 계산 소프트웨어.
> - 다만 계산만 하는 것은 아님.
> - 표 형식으로 데이터 정리 가능.
> - 빈칸 채우기식 서류도 작성 가능.
> - 다만 복잡한 것은 만들어서는 안 됨.

> **AI** 엑셀은 표 계산 소프트웨어로, 계산뿐 아니라 데이터를 표 형식으로 정리할 수도 있습니다. 빈칸 채우기식 서류도 작성할 수 있지만 복잡한 것을 작성하는 경우에는 적합하지 않습니다.

ONE MORE

'그러나' 등의 접속사는 넣지 않아도 된다

여기서는 항목별 기재 방식으로 작성한 것의 맨 앞에 '다만'이라는 역접 접속사를 넣어 논리 관계를 명시하고 있습니다. 하지만 넣지 않아도 어느 정도는 챗GPT가 판단하여 문장으로 작성해줍니다. 그 경우 작성된 문장을 다시 읽고 논리 관계가 틀리지 않는지 확인할 필요가 있습니다.

요약 등 참고 자료로 게재하기 위한 '읽을거리'가 아니라 강연처럼 '이야기하기 위한 원고'가 필요한 경우에는 그 목적을 챗GPT에게 전해서 수정하게 합니다.

BS 대학생에게 말하는 듯한 문장으로 고쳐주세요.

AI 엑셀은 컴퓨터로 이용할 수 있는 표 계산 소프트웨어입니다. 하지만 엑셀은 계산만이 아니라 데이터를 보기 쉽게 표로 정리하는 것도 가능하지요. 또 빈칸 채우기식 서류도 만들 수 있기는 하지만, 복잡한 것을 만드는 것은 좀 어려울지도 모릅니다. 대학생 여러분도 과제를 정리하거나 데이터를 정리할 때 도움이 될지 모르니 엑셀을 꼭 써보시기 바랍니다.

반대로, 문장을 간결한 목록으로 만들고 싶은 경우에는, 챗GPT에게 항목별 기재 방식으로 작성하도록 지시합니다.

BS 이를 항목별 기재 방식으로 고쳐 작성해주세요.

AI 엑셀은 컴퓨터로 이용할 수 있는 표 계산 소프트웨어.
• 계산 기능에 더해 데이터를 보기 쉬운 표 형태로 정리 가능.
• 빈칸 채우기식 서류 작성도 가능하나 복잡한 것에는 부적합.
• 대학생 여러분도 엑셀을 쓰면 과제 정리나 데이터 정리에 도움을 받을 수 있음.

항목별 기재 방식으로 작성한 것이 장황하다고 생각하는 경우에는 어미나 길이에 대해 "명사형 종결어미를 많이 써서 좀 더 짧게 해주세요"라는 프롬프트로 수정합니다. 이때 먼저 작성한 항목별 기재 방식으로 완전히 돌아가는 것이 아니라 취지는 같고, 좀 더 읽기 쉬운 것이 출력되는 경향이 있습니다.

CHAPTER 3

06 녹음테이프를 받아쓴 글을 다듬는다

구두점을 찍거나 줄 바꿈을 하여 읽기 쉬운 문장으로 만든다

취재나 협의, 회의나 강연회 등의 내용을 서류로 남기고 싶은 경우, 음성을 그대로 문자로 변환하는 것만으로는 불충분합니다. 이것을 수동으로 하면 상당한 수고와 시간이 들겠지만, 챗GPT라면 한순간에 구두점의 삽입과 단락 나누기, 순서 변경과 표현의 수정이 가능합니다.

BS 아래 문장에 구두점을 찍거나 줄 바꿈을 추가하여 읽기 쉽게 정리해주세요.

청년내일채움공제는 중소기업에 정규직으로 취업한 청년들의 자산 형성을 지원하는 청년취업지원 사업으로서 미취업 청년의 중소기업 등으로의 정규직 일자리 취업 촉진 및 장기근속 유도를 목적으로 하며 나아가 대기업과 중소기업의 임금격차 완화에 기여한다 중소기업진흥공단의 정책성 공제상품인 내일채움공제에서 파생되었으며 기존 내일채움공제와 달리 정부가 보조금 방식으로 중소기업의 몫까지 납입한다는 차이점이 있다 내일채움공제 명칭을 갖고 자치시별로 따로 운영하는 경우도 있으므로 동일한 공제가 아닐 수 있다

 청년내일채움공제는 중소기업에 정규직으로 취업한 청년들의 자산 형성을 지원하는 청년취업지원 사업입니다. 이 프로그램은 미취업 청년들이 중소기업 등에서 정규직으로 일자리에 취업하도록 촉진하고, 장기근속을 유도하기 위한 목적을 가지며 대기업과 중소기업 간의 임금격차 완화에도 기여하고 있습니다.

중소기업진흥공단의 정책성 공제상품인 내일채움공제에서 파생된 이 프로그램은 기존의 내일채움공제와는 차별화되는데, 정부가 보조금 방식으로 중소기업에 참여를 유도하는 차이점이 있습니다. 이를 통해 중소기업도 자신의 몫을 납입하면서 청년 취업을 지원할 수 있게 되었습니다.

또한, 일부 지방 자치시에서는 내일채움공제와 같은 명칭을 가지고 별도로 운영하기도 합니다. 이렇게 자치시별로 운영되는 경우도 있는데, 이때에도 프로그램의 내용은 동일하지 않을 수 있습니다. 이로써 청년들의 일자리 창출과 경제 활성화에 기여하는 중요한 사업임을 알 수 있습니다.

구어로 쓴 글을 정식 문서로 남기고 싶을 때 서적처럼 딱딱한 문장이 바람직한 경우는 문체를 바꾸도록 지시해봅니다.

 서적처럼 딱딱한 문장으로 고쳐주세요.

 청년내일채움공제는 중소기업에 정규직으로 취업한 청년들의 자산 형성을 지원하는 청년취업지원 사업이다. 이 프로그램은 미취업 청년들이 중소기업 등에서 정규직으로 일자리에 취업하도록 촉진하고, 장기근속을 유도하는 목적을 가진다. 또한, 대기업과 중소기업 간의 임금격차 완화에도 기여한다.
중소기업진흥공단의 정책성 공제상품인 내일채움공제에서 파생된 이 프로그램은 기존의 내일채움공제와는 차이가 있다. 정부가 보조금 방식으로 중소기업에 참여를 유도하면서, 청년 취업을 지원하고 있다. 추가로, 일부 지방 자치시에서는 동일한 명칭으로 별도로 운영되며, 청년들의 일자리 창출과 경제 활성화에 기여하고 있다.

ONE MORE
음성 입력과 챗GPT를 사용하면 장문도 빠르고 쉽게!

컴퓨터나 스마트폰 등으로 문장을 입력하기 위해서는 키보드를 쓰는 것이 일반적입니다. 물리적인 키보드는 물론이고 화면에 표시되는 소프트웨어 키보드도 손가락으로 문자를 입력하는 것은 같습니다.
마이크를 향해 말하는 방식의 '음성 입력'도 최근에는 정밀도가 향상되었기 때문에 충분히 실용적인 수준에 이르렀습니다. 동음이의어 등도 문맥에 따라 올바르게 판단하여 정확한 입력이 가능해졌습니다. 이 음성 입력을 사용하면 키보드로 빠르게 입력하는 것이 서툰 사람도 원활하게 글을 쓸 수 있습니다.

다만 음성 입력에도 약간의 결점이 있습니다. 제대로 된 마침표와 줄 바꿈(단락)이 자동으로 되지는 않습니다. 그 때문에 딱 붙은 문자의 행렬이 되어 그대로는 굉장히 읽기 힘듭니다. 물론 도중에 '쉼표' '마침표' '줄 바꿈'이라고 음성으로 지시하거나 나중에 키보드를 사용하여 다듬는 것도 가능하지만, 역시 작업으로는 다소 귀찮습니다.

그래서 음성 입력에 챗GPT를 조합하면 정확하게 마침표를 찍고 줄 바꿈을 해주는 데다 구성과 표현도 수정해줍니다. 그러므로 귀찮은 다듬기 작업이 한순간에 끝납니다. 방식은 앞에서 말한 테이프에 녹음된 것을 문자로 변환할 때와 같습니다. "아래 문장에 마침표와 줄 바꿈을 추가하여 읽기 쉽게 다듬어주세요"라고 지시한 뒤, 그 아래에 음성으로 입력된 텍스트를 붙여넣으면 됩니다.

07 '다·이다'를 '입니다'로 수정한다

평어체 문장을 경어체 문장으로 고쳐쓴다

문말의 '다·이다'(평어체)를 '입니다·습니다'(경어체)로 바꿔 쓰는 문체 변경은 상당히 귀찮은 작업입니다. 빠뜨리지 않고 고쳐 쓰기 위해서는 챗GPT를 이용하는 것이 간단하고 또 확실합니다.

BS 다음 문장의 문말을 경어체로 수정해주세요.

종래의 종신고용제가 좋다는 것은 아니지만, 작금의 '즉전력'만을 요구하는 풍조는 과연 어떨까. 어떤 업무 경험이 있으면 같은 업종의 다른 회사로 전직할 경우 다소 힘을 발휘할 수 있을 때까지의 기간은 짧아질 것이다. 하지만 현시점에서의 '즉전력'은 어딘가의 조직이 최초로 키웠을 것이다. 그것은 아마 대학이나 전문학교가 아니라 그 사람이 대학을 졸업하고 들어간 기업인 경우가 많을 것이다.

AI 종래의 종신고용제가 좋다는 것은 아니지만, 작금의 '즉전력'만을 요구하는 풍조는 어떨까 싶습니다. 어떤 업무 경험이 있으면 같은 업종의 다른 회사로 전직할 경우, 힘을 발휘할 수 있는 기간이 상대적으로 짧아질 것으로 예상됩니다. 그러나 현시점에서의 '즉전력'은 어딘가의 조직이 최초로 키웠을 것입니다. 이는 아마 대학이나 전문학교가 아니라 해당 개인이 대학을 졸업하고 들어간 기업인 경우가 대부분일 것으로 판단됩니다.

한편 챗GPT에서는 경어체를 평어체로 수정하는 것은 제대로 하지 못합니다. Bing챗 검색(CHAPTER 7 참조)에서도 도중에 처리가 멈추는 등 올바른 출력은 언을 수 없습니다.

08 글의 어조를 바꾼다

지정한 입장이나 직무에 알맞은 어조로 한다

비즈니스 세계에서 쓰는 글은 TPO(때time, 장소place, 경우occasion)에 따라 어조를 맞추는 것이 기본입니다. 하지만 비즈니스 문서를 작성하는 방식에 익숙하지 않은 사람도 있을 것입니다. 그럴 때는 '**연구자**'나 '**비즈니스맨**'처럼 프롬프트에 입장이나 직무를 포함하여 지시를 내리면 그것에 맞춘 어조나 표현으로 변환해줍니다.

> **BS** 다음 문장을 연구자가 쓴 것처럼 고쳐주세요.
>
> 고객 관리가 어려운 것은 "손님은 왕이다"가 반드시 통하지만은 않는다는 데 있다. 손님마다 버릇이 있고 그것에 제대로 대응한 영업 스타일을 항상 주의하지 않으면 도저히 해나갈 수 없다. 제공하는 서비스 자체는 어디까지나 일률적인 것이 기본이지만 접근 방식이나 지원 방식에 관해서는 손님별로 충분히 생각해야만 한다. 하루하루 일하는 중에 그것을 몇 번이고 통감한다.

> **AI** 고객 관리가 곤란한 이유는 "손님은 왕이다"라는 사고가 반드시 제대로 기능하지만은 않는다는 데 있다. 고객에게는 다양한 개성이 있고 그것을 이해한 영업 스타일을 채택하지 않으면 비즈니스를 성공시킬 수 없다. 제공하는 서비스 자체는 일정한 기준이 있지만, 접근 방식이나 지원 방식에 대해서는 각 고객에 맞춰 고려하지 않으면 안 된다. 나날의 업무 중에 그것을 수없이 통감하고 있다.

한편 프롬프트에서 같은 지시를 해도 응답으로 표시되는 표현에는 그때마다 큰 차이가 나타납니다. 몇 번쯤 거듭해도 어조가 잘 어울리지 않을 때는 "딱딱한 베테랑 연구자"처럼 성격이나 입장 등의 세세한 조건까지 지시하면 더욱 이미지에 가까운 어조가 되는 것 같습니다.

09 깜빡 잊어버린 말을 떠올린다

📡 글의 내용에서 속담이나 다른 표현을 금방 알 수 있다

글을 쓸 때 "말하고 싶은 것에 딱 맞는 표현이 떠오르지 않는" 경우가 비교적 자주 있습니다. 그럴 때 챗GPT에 사용하고 싶은 말의 의미를 전해봅시다. **전한 내용에 관한 속담이나 표현을 가르쳐줍니다.** 아울러 그 의미나 용법도 알기에 정말 그 장면에 어울리는 것인지 확인할 수 있습니다.

> **BS** "두 가지를 동시에 손에 넣으려고 하면 양쪽 다 손에 들어오지 않는다"는 의미의 속담을 알려주세요.

> **AI** "두 마리 토끼를 잡으려다 둘 다 놓친다(兩兎悉失)"라는 속담이 의도하는 의미에 가까운 것으로 보입니다. 이 속담은 동시에 두 가지를 구하려고 하면 어느 쪽도 제대로 되지 않고, 결국은 둘 다 손에 들어오지 않는다는 점을 표현한 것입니다. 다시 말해 우선순위를 정하고 하나씩 몰두하는 것이 중요하다는 사실을 보여줍니다.

> **BS** 속담 이외의 유의어를 몇 가지 들어주세요.

> **AI** "두 마리 토끼를 잡으려다 둘 다 놓친다"는 표현이나 "손을 너무 벌리면 아무 것도 잡을 수 없다"는 표현도 "두 마리 토끼를 잡으려다 한 마리도 잡지 못한다"와 같은 의미를 가지고 있습니다. 또한 "바라는 것이 너무 많으면 반드시 실망을 부른다"는 표현도 같은 의미를 가지고 있습니다. 다시 말해 하나의 목표를 달성하기 위해서는 지나치게 욕심 부리지 않고 우선순위를 두어 서두르지 않으며 착실히 노력하는 것이 중요하다는 뜻을 나타내고 있습니다.

챗GPT로
문서를 작성해보자

01 메일 초안을 쓰게 한다

요점만 전하여 단시간에 문장으로 완성하게 한다

메일에 담고 싶은 정보나 주의사항 등을 항목별 기재 방식으로 작성하여 챗GPT
에 지시하면 메일에 쓸 만한 문장을 써줍니다. 다만 미묘하게 부자연스럽다거나
오류가 포함되어 있으니 보내기 전에 반드시 확인할 필요가 있습니다.

BS

다음과 같은 내용의 메일 초안을 작성해주세요.

- 자신 : 대한상사의 김민국
- 상대 : 미국통상의 박만세 과장
- 용건 : 지난번에 받은 기획안의 검토 결과
- 일시 : 다다음주 수요일 오전 11시부터
- 장소 : 대한상사 제1회의실

제목 : 기획안 검토 결과에 대한 회의 일정 조정

안녕하세요, 박만세 과장님.
저는 대한상사의 김민국입니다. 이메일을 통해 연락을 드려 기쁘게 생각합니다.
저희가 최근에 주고받은 기획안에 대한 검토 결과를 논의하고자 합니다. 다다
음주 수요일 오전 11시부터 대한상사 제1회의실에서 회의를 개최할 계획입니
다. 이에 맞춰서 일정 조정이 가능한지 여쭙고자 합니다.
검토 결과와 관련하여 상의드리고 싶은 사항이 있어서 빠른 회의를 통해 의견
을 교환하고자 합니다. 가능하신 시간대를 알려주시면 그에 맞게 일정을 조율
하겠습니다.
불편하신 점이 있을 경우 언제든지 연락 주시면 감사하겠습니다.
고맙습니다. 좋은 하루 보내시길 바랍니다.
김민국 드림

02 앙케트 항목을 생각한다

대상 범위나 조건에 맞는 앙케트를 간단히 작성

일의 업무 등 앙케트를 작성할 때 챗GPT에 시안을 작성하게 하면 그 후의 작업이 원활하게 진행되는 일이 있습니다. 앙케트의 대상 범위나 조건을 대충 지정하기만 하면 상황에 따른 질문 사항을 간단히 작성할 수 있습니다.

> **BS**
>
> 30에서 60세까지의 여성을 대상으로 미용에 대한 고민을 테마로 앙케트 항목 10개를 작성해주세요.

> **AI**
>
> 1. 당신의 피부 고민은 무엇입니까?
> 2. 당신이 평소 사용하는 스킨케어 제품은 무엇입니까?
> 3. 스킨케어 제품을 고를 때 중시하는 포인트는 무엇입니까?
> 4. 수면부족이나 스트레스 등의 영향으로 피부 상태가 나빠진 일이 있습니까?
> 5. 미용 클리닉이나 에스테 살롱에 다닌 적이 있습니까?
> 6. 메이크업의 고민은 무엇입니까?
> 7. 헤어케어의 고민은 무엇입니까?
> 8. 건강한 식생활에 대해 주의하고 있는 것이 있습니까?
> 9. 다이어트에 대해 뭔가 주력하고 있는 것이 있습니까? 주력하고 있는 경우 어떤 방법을 시도하고 있습니까?
> 10. 미용에 대한 고민을 해결하기 위해 앞으로 하고 싶은 것이 있습니까?

앙케트 항목의 응답으로서 선택지를 채택할 수도 있습니다. 프롬프트에 "각 앙케트 항목의 응답으로 네 개의 선택지를 추가해주세요"라고 입력합니다.

상품이나 음식점의 샘플 리뷰를 쓴다

특징에 입각한 리얼한 리뷰를 작성

챗GPT를 사용하면 **가공의 이용자 리뷰도 손쉽게 작성할 수 있습니다.** 프롬프트에 상품이나 음식점의 특징을 항목별 기재 방식으로 적어 넣기만 하면 실제로 이용한 것 같은 리얼한 리뷰를 출력해줍니다. 다만 어디까지나 가공의 내용이기 때문에 사내용 자료 등에만 이용하고 샘플 리뷰라고 밝혀야 합니다.

BS 다음의 특징을 가진 화장수를 사용한 이용자의 감상 사례 5개를 작성해주세요.

- 자외선과 먼지 방어
- 윤기 있는 촉촉한 피부가 됨
- 미용 성분이 각질층 구석구석까지 침투

 1. "이 화장수를 쓰고 나서 피부가 건조하지 않고 촉촉해졌다. 외출한 곳에서도 자외선과 먼지를 신경 쓰지 않을 수 있으며 햇볕에 타는 것도 막아줘 안심하고 사용할 수 있다."
2. "이 화장수는 사용하는 느낌이 굉장히 좋고 침투력도 좋아서 피부가 촉촉하게 보충되는 것 같다. 거친 피부도 개선되어 앞으로도 계속 쓰고 싶다."
3. "이 화장수를 쓰고 나서 화장을 잘 받게 되었고 피부도 밝아진 것 같다. 자외선 대책도 되기 때문에 1년 내내 계속 쓰고 싶다."
4. "건조한 피부라서 고민했는데 이 화장수를 쓰고부터는 피부의 수분량이 늘어난 것 같다. 미용 성분이 단단히 침투하기 때문에 피부도 건강해진 것 같다."
5. "화장수를 쓰면 피부가 탱탱해지고 보습력도 좋아 하루 종일 건조해지지 않고 지낼 수 있다. 자외선과 먼지도 확실히 대비할 수 있어 피부 상태가 무척 좋아졌다."

CHAPTER 4
04
고객을 모으는
캐치프레이즈를 작성한다

 센스 넘치는 카피를 뚝딱 만들 수 있다

챗GPT에서 **캐치프레이즈 카피를 만들기 위해서는 이벤트명과 특징을 열거하며 지시하면 됩니다.** 이렇게 사용하려면 '일류 카피라이터'처럼 챗GPT에 전문가로서의 속성을 부여하는 것이 포인트입니다.

 당신은 일류 카피라이터입니다. 다음과 같은 특징을 가진 이벤트에 손님을 모으기 위한 20자 정도의 캐치프레이즈 카피 8개를 작성해주세요.

- 이벤트 이름은 '맥주 축제 2023'
- 국내외 유명 맥주뿐만 아니라 로컬 맥주도
- 여기서만 맛볼 수 있는 특별한 맥주도
- 인기 있는 유튜버의 토크 이벤트도
- 입장료는 20,000원

1. "맥주 파티의 진수, 맥주 축제 2023!"
2. "글로벌&로컬, 특별한 맥주의 향연!"
3. "맥주맛집 투어와 만남, 맥주 축제 2023!"
4. "특별한 한 잔, 맥주 축제에 초대합니다!"
5. "맥주 애호가들을 위한 날, 맥주 축제 2023!"
6. "유명한 유튜버와 함께하는 맥주 토크쇼!"
7. "맥주 예술의 향연, 맥주 축제 2023, 꼭 참석하세요!"
8. "입장료 20,000원, 특별한 맥주의 세계로 여행하세요!"

또한 예를 들어 "당신은 개그맨입니다" 등의 설정을 추가하면 캐치프레이즈 카피에도 "맥주도 웃음도 빵빵! 맥주 축제 2023!"과 같은, 설정과 관련된 요소가 담기는 경우가 있습니다.

05 크리에이터의 계약서를 만든다

계약 조건을 반영한 간이 계약서를 작성

챗GPT는 계약서의 초안을 만들 수도 있습니다. 여기서는 작가 등 크리에이터를 위한 계약서를 만들어보겠습니다. 간이 계약서이기 때문에 이대로 사용할 수는 없지만, 서식으로 이용한다면 충분하겠지요.

 당신은 저작권을 잘 아는 변호사입니다. 나는 소설가인데 출판사와 맺는 출판 계약서를 다음과 같은 조건을 충족하는 내용으로 작성해주세요.

- 작품의 인세율은 10퍼센트
- 작품의 전자서적화는 허가하지 않음
- 영화나 애니메이션 등으로 만들게 될 때는 사전에 반드시 나의 허가가 필요
- 계약 기간은 3년으로 함
- 쌍방이 동의하는 경우에는 자동 갱신

 계약 일자 : YYYY년 MM월 DD일

계약 당사자 :

출판사 : [출판사명], 대표 : [대표자명]
저자 : [저자명]

제1조 (계약의 목적)
본 계약은 [저자명]이 작성한 소설 "[작품명]"의 출판에 관한 모든 사항을 정하는 것을 목적으로 한다.

제2조 (인세율)
출판사는 판매된 모든 서적에 대해 저자에게 판매가의 10%를 인세로 지급한다.
인세는 매 분기마다 집계하여 지급한다.

제3조 (전자서적화에 대한 권리)
저자는 본 작품의 전자서적화를 허가하지 않는다. 따라서 출판사는 저자의 명
시적인 동의 없이 본 작품을 전자서적 형태로 제작하거나 판매할 수 없다.

제4조 (영화화 및 애니메이션화에 대한 권리)
본 작품을 영화, 애니메이션 또는 그 밖의 다른 형태로 제작하려는 경우 출판
사는 사전에 저자의 명시적인 허가를 받아야 한다.
저자의 허가 없이 본 작품의 내용을 기반으로 한 영화, 애니메이션 등을 제작
하거나 홍보할 수 없다.

제5조 (계약 기간)
본 계약의 유효 기간은 본 계약 체결일로부터 3년이다.

제6조 (계약 갱신)
계약 기간 만료 30일 전까지 양 당사자 중 어느 한쪽이 갱신 의사를 밝히지 않
는 경우, 본 계약은 자동으로 갱신된다.
계약 갱신을 원치 않는 경우, 해당 당사자는 갱신하지 않겠다는 의사를 서면으
로 상대방에게 통보해야 한다.

기타 사항
본 계약서에 명시되지 않은 사항에 대해서는 상호 협의를 통해 결정하며, 필요
한 경우 별도의 합의서를 작성할 수 있다.

계약 당사자 서명 :

출판사 대표 : (서명) _____ 날짜 : YYYY년 MM월 DD일

저자 : (서명) _____ 날짜 : YYYY년 MM월 DD일

주의 : 이 계약서는 일반적인 형태를 바탕으로 작성된 것이며, 실제 계약 체결
시에는 변호사나 전문가의 도움을 받아 계약 내용을 상세히 검토하고 결정하
는 것이 좋습니다.

비즈니스 서류의 양식을 작성한다

🛠️ 양식은 복사하여 활용할 수 있다

챗GPT에서는 **대차대조표, 청구서 등 일반적인 비즈니스 서류의 양식도 작성할 수 있습니다.** 표 형식으로 출력할 수 있기에 그대로 복사해서 엑셀에 붙여넣으면 서류 작성을 스피디하게 할 수 있습니다.

 대차대조표의 일반적인 양식을 표 형식으로 작성해주세요.

 아래는 일반적인 대차대조표의 양식입니다.

자산	금액	부채	금액
유동자산		유동부채	
현금		매입채무	
외상매출금		미지급비용	
기타		기타	
고정자산		고정부채	
토지건물		회사채	
유형고정자산			
무형고정자산		기타	
이연자산		이연부채	
선급비용		퇴직급여충당금	
기타		기타	

이 양식은 대차대조표를 일반적인 방법으로 분류하고 있습니다. 자산은 유동자산, 고정자산, 이연자산, 이 셋으로 나누고 각각을 다시 세분화하고 있습니다. 마찬가지로 부채도 유동부채, 고정부채, 이연부채, 이 셋으로 나누고 각각을 다시 세분화하고 있습니다. 이 양식은 일반적인 것이고, 기업에 따라 대차대조표 항목의 분류 방법이 다른 경우가 있습니다.

07 여행 계획을 제안하게 한다

행선지와 이동 수단을 알려주면 여행 계획을 짤 수 있다

여행을 가기 전 가장 고민되는 것이 '계획 짜기'입니다. 특히 여행지의 정보가 부족하면 계획을 짜는 것이 어려울지도 모릅니다. 그럴 때는 **챗GPT에 여행지 등의 정보를 알려주고 여행 계획을 제안해달라고 하는 것**이 좋습니다. 이 경우 프롬프트에 '구체적인 행선지' '가고 싶은 관광지 이름' '이동 수단' '일수' 등을 입력합니다. 그렇게 하면 아주 구체적인 계획을 짜줍니다.

> **BS**
>
> 서울에서 부여시까지 자동차로 여행하고 싶습니다.
> 사적지 관광을 중심으로 1박 2일 여행계획을 짜주세요.

> **AI**
>
> 서울에서 부여시까지의 자동차 여행 계획을 사적지 관광을 중심으로 1박 2일 동안 진행하게 된다면 아래와 같은 여행 계획을 참고해 보세요.
>
> - 1일차 : 서울 → 부여
> 오전 ▷ 08:00 – 서울
>   11:00 – 부여 도착
>   11:30 – 부여 공원 방문
>   정림사지, 국립부여박물관, 부여성 등을 탐방하며 사적지의 풍경을 즐긴다.
> 점심 ▷ 13:00 – 부여의 전통적인 음식인 부여비빔밥을 맛볼 수 있는 식당 방문
> 오후 ▷ 14:00 – 백제문화단지 방문
>   백제 역사와 문화를 체험하며 다양한 전시물들을 감상한다.
>   16:00 – 정림사지 오층석탑 방문
>   백제의 석탑 중 가장 아름다운 것으로 알려져 있으며 꼭 방문해 볼만하다.

저녁 ▷ 18:00 – 부여의 유명한 먹자거리에서 저녁 식사
　　　　20:00 – 숙소로 이동 및 휴식

■ 2일차 : 부여 → 서울
오전 ▷ 08:00 – 아침 식사
　　　　09:00 – 가야산 국립공원 방문
　　　　산책과 함께 자연의 아름다움을 즐긴다.
　　　　11:00 – 송국리 고분군 방문
　　　　고분들과 각종 유적들을 관람한다.
점심 ▷ 13:00 – 부여의 다양한 전통 음식 중 원하는 메뉴로 점심 식사
오후 ▷ 14:30 – 내장산성 방문
　　　　백제 시대의 성곽과 아름다운 전망을 감상한다.
　　　　16:00 – 서울로 귀환 준비
　　　　16:30 – 서울로 출발
저녁 ▷ 19:30 – 서울 도착 및 저녁식사

이 계획은 대략적인 일정으로, 실제 여행 시에는 날씨, 교통 상황 등 여러 요소
를 고려하여 유동적으로 조절해야 할 수도 있습니다. 특히 부여는 백제의 역사
와 문화가 잘 보존되어 있어, 사적지를 중심으로 한 여행이 매우 의미 있을 것
입니다. 좋은 여행 되세요!

　여행 계획을 간결하게 하고 싶을 때는 다음 프롬프트에 "다음 여행 계획을 항
목별 기재 방식으로 작성해주세요" 등으로 입력하면 됩니다.

다음 여행 계획을 항목별 기재 방식으로 만들어주세요.

서울 – 부여 1박 2일 여행 계획 (사적지 중심)

■ 1일차
출발 및 이동 ▷ 08:00 서울 출발
　　　　　　　　11:00 부여 도착

오전 탐방 ▷ 11:30 부여 공원
　　　　　　정림사지
　　　　　　국립부여박물관
　　　　　　부여성

점심 ▷ 13:00 부여비빔밥 식당에서 식사

오후 탐방 ▷ 14:00 백제문화단지
　　　　　　16:00 정림사지 오층석탑

저녁 ▷ 18:00 부여 먹거리거리에서 식사
　　　　20:00 숙소 이동 및 휴식

■ 2일차
아침 ▷ 08:00 숙소에서 식사

오전 탐방 ▷ 09:00 가야산 국립공원
　　　　　　11:00 송국리 고분군

점심 ▷ 13:00 부여 전통 음식 식당에서 식사

오후 탐방 ▷ 14:30 내장산성
　　　　　　16:00 서울로 귀환 준비

출발 및 도착 ▷ 16:30 서울로 출발
　　　　　　　19:30 서울 도착 및 저녁식사

기재방식에 따라 위와 같이 항목별로 정리했습니다. 여행 일정이 보다 명료하
게 보이기를 바랍니다.

08 글에 위험성이 없는지 확인한다

정보를 사전에 체크하여 논란을 피한다

외부로 글을 발표할 때 문화나 인종, 성별과 연령 등에 대해 배려가 결여된 표현을 담으면 사회적인 비판이나 법적인 문제를 일으키는 일이 있습니다. 그래서 챗GPT를 이용하여 **위험성이 있는 표현을 확인하고 수정해야 합니다.** 어떤 점을 구체적으로 체크할지 지시하면 그 지시에 따라 문장을 확인하고 적절한 표현으로 고쳐줍니다.

BS 아래 글에 차별적, 모욕적, 부적절한 표현이 포함되어 있지 않은지 확인하고 적절한 표현으로 수정해주세요.

건강한 다이어트를 목표로 하는 젊은 여성에게 낭보입니다! 이번에 새롭게 개발된 다이어트 프로그램은 백인 모델 같은 스타일을 얻기 위해 개발된 것으로, 아주 바쁜 현대인에 맞춘 개별 계획을 준비하여 더욱 효과적인 다이어트가 가능해졌습니다.
적당한 운동과 스트레칭 등도 도입했기 때문에 식사 제한을 잘하지 못하는 당신도 2주에 10킬로그램은 확실히 뺄 수 있습니다. 또한 전문가의 카운슬링과 서포트도 받을 수 있기에 자신의 페이스로 다이어트를 진행할 수 있습니다.
건강하게 살을 뺄 수 있는 다이어트 프로그램은 추하고 뚱뚱한 많은 여성에게 지지를 받고 있습니다. 이 기회에 당신도 꼭 체험해보는 게 어떨까요.

아래는 수정한 글입니다.

건강한 다이어트를 추구하는 모든 분에게 좋은 소식입니다! 이번에 새롭게 개발된 다이어트 프로그램은 원하는 스타일을 효과적으로 얻기 위해 만들어졌습니다. 바쁜 일상을 가진 현대인을 위한 개별 계획을 제공하여 더욱 체계적인 다이어트가 가능합니다. 적당한 운동과 스트레칭도 함께 도입했기 때문에 균형 잡힌 식습관과 함께 효과적인 다이어트를 경험하실 수 있습니다. 전문가의 개별 카운슬링과 서포트를 통해 자신만의 속도로 다이어트를 진행할 수 있습니다. 다양한 사람들로부터 호평을 받고 있는 이 건강한 다이어트 프로그램, 함께 시작해보시는 건 어떨까요?

챗GPT는 단지 문장을 수정할 뿐만 아니라 어디를 수정했는지, 어떤 문제가 있었는지도 지적해줍니다.

BS 어디가 부적절했는지 그 부분과 이유,
바꾼 내용을 항목별 기재 방식으로 정리해주세요.

AI 아래는 부적절했던 부분과 그 이유, 수정한 내용입니다 :

네, 원문에 포함된 부적절한 부분과 그 이유, 그리고 수정한 내용을 아래와 같이 항목별로 정리하겠습니다.

부적절한 부분 : "건강한 다이어트를 목표로 하는 젊은 여성에게 낭보입니다!"
이유 : 대상을 '젊은 여성'으로 한정짓는 것은 성별과 연령에 대한 차별적인 표현이 될 수 있습니다.
수정한 내용 : "건강한 다이어트를 추구하는 모든 분에게 좋은 소식입니다!"

부적절한 부분 : "백인 모델 같은 스타일을 얻기 위해"
이유 : 특성 인송(백인)을 기준으로 한 모델을 목표로 하는 것은 인종에 대한 편견이나 차별적인 시각을 담고 있습니다.
수정한 내용 : "원하는 스타일을 효과적으로 얻기 위해"

부적절한 부분 : "식사 제한을 잘하지 못하는 당신도"
이유 : "식사 제한을 잘하지 못하는"은 개인의 의지나 행동을 평가하는 부적절한 표현입니다.
수정한 내용 : "균형 잡힌 식습관과 함께"

부적절한 부분 : "건강하게 살을 뺄 수 있는 다이어트 프로그램은 추하고 뚱뚱한 많은 여성에게 지지를 받고 있습니다."
이유 : "추하고 뚱뚱한"은 외모에 대해 모욕적이고 부정적인 평가를 내포하는 표현입니다.
수정한 내용 : "다양한 사람들로부터 호평을 받고 있는 이 건강한 다이어트 프로그램"

ONE MORE
최종적으로 자기 자신이 판단하는 게 중요

챗GPT로 체크할 수 있는 것은 어디까지나 일반적인 글의 표현뿐입니다. 개인 정보나 프라이버시에 관한 정보, 저작권과 상표 등 모든 것을 챗GPT가 확인할 수는 없습니다. 또한 정보의 정확성도 담보되어 있지 않기 때문에 팩트 체크도 포함하여 최종적으로 자기 자신이 글을 확인하고 판단하는 것이 중요합니다.

09 직원의 실수에 대한 사과문을 작성한다

🔧 불상사의 내용을 입력한다

사내에 사고가 일어난 경우, 실수나 사고의 내용을 챗GPT에 지시하여 사과문을 쓰게 할 수 있습니다. 대략적인 내용이지만 그것을 기초로 다듬으면 사과문으로서 공개하는 것도 가능합니다.

우리 회사는 인터넷 판매 사업을 하고 있습니다. 그런데 직원이 고객의 개인 정보를 부정하게 유출하여 체포되고 말았습니다. 미디어 발표용 사과문을 작성해주세요.

안녕하세요. [회사명] 대표 [대표자명]입니다.

먼저, 저희 [회사명]을 믿고 이용해 주시는 모든 고객님께 깊은 사과의 말씀을 드립니다.

최근 저희 회사의 한 직원이 고객님들의 개인 정보를 부정하게 유출한 사실이 확인되었습니다. 이와 관련하여 해당 직원은 현재 경찰의 조사를 받고 있으며, 저희 회사는 관련 당국과 적극적으로 협조하고 있습니다.

저희 [회사명]은 고객님들의 개인정보 보호에 최선을 다하고 있으나, 이번 사건을 통해 그 노력이 부족했음을 인정하며 깊은 반성의 시간을 갖고 있습니다. 앞으로 보다 철저한 내부 관리와 교육을 통해 이러한 사건이 다시는 발생하지 않도록 최선을 다하겠습니다.

또한 피해 고객님들께는 개별적으로 연락하여 사과의 말씀을 드리고, 필요한 조치를 취해 나가겠습니다.

다시 한 번 사건으로 인해 불안감을 느끼신 모든 고객님께 진심으로 사과의 말씀을 드립니다. 앞으로 [회사명]은 고객님들의 신뢰를 회복하기 위해 더욱 노력하겠습니다.

감사합니다.

[회사명] 및 [대표자명]은 해당 문맥에 맞게 적절한 이름으로 대체해주시면 됩니다.

CHAPTER 4

10 직무 시간 배분을 제안하게 한다

🕹️ 시간 사용법 기준으로 활용

프레젠테이션이나 회의의 진행 등 **전체 소요 시간이 정해져 있는 일을 진행할 경우, 챗GPT로 진행 스케줄을 작성해봅니다.** 소요 시간과 목적 등을 포함하여 지시하면 대략적인 진행 스케줄의 모델을 작성해줍니다. 그 후에는 내용에 따라 조정하면 될 것입니다.

BS 당신은 식품 제조사의 인사 책임자입니다. 새로 졸업하는 학생들을 위한 회사 설명회를 소요 시간 1시간 30분으로 개최하고 싶으니 스케줄을 작성해주세요.

AI 물론입니다. 새로 졸업하는 학생들을 대상으로 한 회사 설명회의 스케줄을 아래와 같이 작성해 드리겠습니다.

[회사명] 신입 사원 설명회 스케줄
전체 소요 시간 : 1시간 30분

1. 개회 및 인사말 (10분)
대표 혹은 인사팀장의 환영사
회사의 비전, 미션, 핵심 가치 소개

2. 회사 소개 및 업계의 위치 (15분)
회사의 역사, 주요 업적, 현황 등 소개
해당 업계에서 회사의 위치 및 경쟁력

3. 주요 제품 및 서비스 소개 (15분)
핵심 제품 라인업 및 서비스에 대한 설명
제품/서비스 개발 과정, 특징, 소비자 반응 등

4. 채용 및 인사제도 소개 (20분)
채용 프로세스 및 전형 방법
교육 및 훈련 제도
복리 후생, 직원 혜택 등

5. 질의응답 세션 (20분)
학생들의 질문에 답하는 시간
사전에 자주 묻는 질문 몇 가지 준비

6. 네트워킹 및 간단한 다과 시간 (10분)
학생들과 직원들 간의 자유로운 대화 및 교류
간단한 음료나 간식 제공

이렇게 구성된 설명회 스케줄을 바탕으로, 학생들에게 회사의 매력과 함께 실
질적인 채용 정보를 제공할 수 있을 것입니다.

11 직무 순서를 분해하여 정리한다

🔹 복잡한 직무 순서를 표로 정리한다

처음으로 담당하는 업무 등에서 무엇부터 시작할지 모르는 경우에는 챗GPT로 **직무 순서를 표로 정리해봅니다.** 그것을 시안으로 삼아 순서를 생각해가면 일의 흐름을 파악할 수 있을 것입니다.

 출장 보고서 작성에 필요한 순서를 분해하여 표 형식으로 정리해주세요.

 출장 보고서 작성에 필요한 순서를 분해하여 아래와 같이 표 형식으로 정리해 했습니다.

순서	내용	비고
1	제목	예 : "20XX년도 파리 출장 보고서"
2	보고서 작성 날짜	보고서를 작성하는 해당 일자
3	보고자의 성명 및 직위	출장을 다녀온 직원의 이름과 직책
4	출장 기간	출장 시작일과 종료일을 명시
5	출장 목적	출장의 주된 목적을 간략하게 기술
6	출장 장소 및 방문 기관	방문한 지역, 회사, 기관 등의 이름 및 주소
7	출장 내용 및 활동	날짜별로 세부 활동, 미팅, 행사 등을 상세하게 기술
8	핵심 결과 및 도출된 내용	출장 활동을 통해 얻은 주요 정보, 결론, 또는 학습 내용
9	추후 추진사항 및 제언	추후 필요한 조치, 계획, 제안 등
10	부록 (필요시)	출장 중 수집한 자료, 문서, 사진 등
11	승인	보고서를 확인하고 승인할 관리자의 서명 및 날짜

이 표는 출장 보고서의 기본적인 구성을 나타내며, 각 조직이나 기업의 특성에 따라 추가적인 항목이 필요하거나 변형될 수 있습니다.

각 순서의 업무 내용에 대해 상세하게 물어볼 수도 있습니다. 표시된 응답에 이어서 프롬프트에 입력하면 됩니다. 순서뿐만 아니라 상세한 내용까지 알 수 있습니다.

BS

순서 6에 대해 상세하게 알려주세요.

AI

순서 6인 "출장 장소 및 방문 기관"에 대한 세부 내용을 아래와 같이 표현하겠습니다.

순서	내용	세부 사항
6.1	도착 도시 혹은 지역	– 도착한 구체적인 도시나 지역의 이름
6.2	방문한 회사/기관 명	– 출장 중 방문한 모든 회사나 기관의 이름을 명시
6.3	해당 회사/기관의 주소	– 방문한 회사나 기관의 구체적인 주소
6.4	방문 목적	– 각 회사나 기관을 방문한 목적을 간단히 기술 (예: 비즈니스 미팅, 협업 논의, 시장 조사 등)
6.5	연락처 (선택적)	– 필요한 경우, 해당 회사나 기관의 연락처 혹은 담당자 연락처를 기재. 이는 후속 조치나 연락이 필요할 때 참고용으로 사용될 수 있음.
6.6	방문 날짜 및 시간	– 방문한 날짜와 시간을 명시하여 일정의 흐름을 파악할 수 있게 함.
6.7	기타 참고사항 (선택적)	– 방문과 관련하여 특별히 기억해야 할 사항, 또는 추후 참고할 내용 등을 간략하게 기술. 예를 들어, 특정 문제를 해결한 담당자 정보, 방문 장소의 특이사항 등을 추가할 수 있음.

이렇게 세부적으로 항목을 나누어 기술하면, 보고서를 읽는 사람이 출장 중 방문한 장소나 기관에 대한 정보를 한층 명확하게 파악할 수 있습니다.

위의 예처럼 각 순서의 하위 순서에 대한 설명이 다소 길 때는 "항목별 기재 방식으로 작성해주세요"라고 하거나 "표로 정리해주세요"라고 지시하면 간결하게 정리해줄 것입니다.

12 영문에서 단어장을 작성한다

의미를 붙인 단어 일람표를 만들 수 있다

챗GPT는 영어 학습에도 유효합니다. 영문에서 단어를 뽑아 한국어 의미를 붙인 표를 작성할 수 있습니다. 자신이 단어를 뽑아 의미를 조사하는 수고를 덜 수 있어 효율적으로 학습할 수 있습니다.

BS

다음 문장에서 단어를 뽑아 표 형식으로 한국어 의미를 붙여주세요.

As the sun set over the horizon, the sky was painted in a riot of colors. Shades of pink, orange, and purple blended together in a breathtaking display, casting a magical spell over everything in sight. For a moment, all was quiet and peaceful, and I felt grateful to be alive.

단어	한국어 의미	단어	한국어 의미
sun	태양	display	전시, 표시
set	지다	casting	던지다, 주조하다
horizon	지평선	magical	마법의, 신비로운
sky	하늘	spell	주문, 마법
painted	칠하다, 물들이다	everything	모든 것
riot	폭발, 대략	sight	시야, 경치
colors	색상들	moment	순간
shades	그늘, 색조	quiet	조용한
pink	분홍색	peaceful	평화로운
orange	주황색	felt	느끼다
purple	자주색	grateful	감사하는
blended	섞이다	alive	살아 있는
breathtaking	아찔한, 숨막히는	together	함께

표에는 문장의 주요 단어와 그에 해당하는 간략한 한국어 의미를 나열했습니다.

CHAPTER 4

13 영어 단어로 예문을 작성한다

영어 단어의 실제 용례를 확인할 수 있다

영어 학습에서는 영어 단어가 실제로 어떻게 쓰이는지를 배우는 것도 중요합니다. 챗GPT에서는 용법을 알고 싶은 영어 단어를 지시하기만 하면 간단히 예문을 만들 수 있습니다. 동시에 그 번역도 표시해주기 때문에 원활하게 학습할 수 있습니다.

 eligible을 사용한 예문 다섯 개를 작성하고 각각을 번역해주세요.

 1. To be eligible for the schlarship, you must have a minimum GPA of 3.5. (장학금 대상이 되기 위해서는 GPA가 최소한 3.5는 되어야 합니다.)

2. Only citizens who are eligible to vote can participate in the upcomming election. (투표 자격이 있는 시민들만 다가오는 선거에 참여할 수 있습니다.)

3. The job opening requires applicants to be eligible to work in the United States. (해당 채용 공고에 응모하려면 지원자들이 미국에서 일할 자격이 있어야 합니다.)

4. You are eligible for a refund if you return the product within 30 days of purchase. (구매일로부터 30일 이내에 제품을 반품하시면 환불이 가능합니다.)

5. She wasn't eligible for parole until she had served at least half of her sentence. (그녀는 형기의 절반 이상을 복역할 때까지 가석방 자격이 없었습니다.)

CHAPTER 4

14

외국어를
한국어로 번역한다

영어를 한국어로, 한국어를 영어로 번역한다

챗GPT는 외국어 번역도 할 수 있습니다. 어떤 언어로 번역할지를 명시하고, 번역하고 싶은 문장을 덧붙이면 됩니다. 여기서는 우선 영어를 한국어로 번역하게 합니다. 일부 매끄럽지 못한 부분이 남아 있는 일도 있으나 전체적인 의미를 파악하기에는 충분한 수준입니다.

BS 다음 문장을 한국어로 번역해주세요.

Those who aspire to the intellectual life, but have no experience of its difficulties, very frequently envy men so favorably situated as you are. It seems to them that all the world's knowledge is accessible to you, and that you have simply to cull its fruits as we gather grapes in a vineyard. They forget the power of Time, and the restrictions which Time imposes. "This or that, not this and that," is the rule to which all of us have to sumit, and it strangely equalizes the destinies of men. The time given to the study of one thing is withdrawn from the study of another, and the hours of the day are limited alike for all of us.
(Philip Gilbert Hamerton, 『The Intellectual Life』)

지적인 삶을 열망하지만 그 어려움을 경험하지 못한 사람은 종종 당신과 같이 유리한 위치에 있는 사람을 부러워합니다. 그들에게 당신은 세상의 모든 지식이 당신에게 열려 있으며, 포도원에서 포도를 따는 것처럼 그 과실들을 수확하기만 하면 되는 것으로 보입니다. 그러나 그들은 시간의 힘과 시간이 가하는 제약을 잊곤 합니다. "이것이나 그것이나"가 아니라 "이것 또는 그것"이라는 원칙이 우리 모두가 따라야 할 규칙이며, 그것은 기이하게도 인간들의 운명을 평

"This or that, not this and that" 부분이 제대로 번역되지 않아 의미가 전달되기 힘듭니다. 이런 경우는 그 부분을 다음 프롬프트에 넣어서 챗GPT에 설명해달라고 하면 됩니다.

BS "This or that, not this and that,"이 이해하기 어려우니 좀 더 상세하게 설명해 주세요.

AI 이 구절은 "이것 또는 그것, 이것과 그것이 아니"라는 의미이고, 선택을 강요당하는 상황을 나타내고 있습니다. 다시 말해 우리는 시간과 자원이 한정되어 있기 때문에 어떤 것에 시간을 쓸 경우 같은 시간에 다른 것을 할 수 없다는 뜻입니다. 예컨대 하루 중 어떤 과목에 시간을 할애할 경우 그 시간을 다른 과목에 할애할 수 없다는 뜻입니다. 이처럼 우리는 이 법칙에 따르지 않을 수 없어 우리의 운명을 평등하게 한다는 것입니다.

이 설명을 읽으면 이해할 수 있는 사람도 많을 것입니다. 또한 이 구절은 "'그것도 이것도'가 아니라 '그것이냐 이것이냐'"로 번역해야 했습니다.

챗GPT는 한국어에서 외국어로의 번역도 가능합니다. 어떤 언어로 번역할지를 명시하고 원문을 덧붙이면 됩니다. 다만 번역 결과에는 문법적인 잘못이 섞여 있는 경우는 적지만, 엄밀하게 따지면 어색할 수도 있기 때문에 원문이나 용도에 따라 수정할 필요가 있습니다.

아래 문장을 영어로 번역해주세요.

투자를 시작할 때 가장 중요한 포인트는 두 가지입니다. 하나는 투자의 목적과 목표를 정하는 일입니다. 또 하나는 아무튼 빨리 시작하여 계속하는 일입니다.

There are two most important points to consider when starting an investment. One is to determine the purpose and goal of the investment. The other is to start as soon as possible and continue.

15 영어 학습용 예문을 작성한다

지정한 단어를 여러 개 포함한 문장을 만들 수 있다

여러 단어를 한꺼번에 학습하고 싶을 때 그것들을 포함한 예문을 작성할 수 있다면 편리할 것입니다. 혼자서 생각하면 단어에 따라서 예문을 만드는 게 어렵게 느껴질지도 모르겠지만 챗GPT에 맡기면 간단합니다. 혼자서 학습하는 경우뿐만 아니라 학교나 학원 등에서 지도하는 경우에도 도움이 됩니다.

> **BS**
> 다음의 영어 단어를 모두 포함한 영어 학습용 예문을 작성해주세요.
> dream, explore, intelligence

> **AI**
> I always dreamt of exploring the world and expanding my intelligence by learning about different cultures and traditions.(나는 항상 세계를 탐험하고 다른 문화와 전통에 대해 배움으로써 지성을 넓히는 것을 꿈꿔왔습니다.)

위의 예문에서는 하나의 문장에 모든 단어가 포함되었습니다. 그런데 문장 수를 늘려 일련의 의미가 이어지는 문장을 챗GPT에 작성하게 할 수도 있습니다.

> **BS**
> 세 문장으로 구성된 한 단락의 글을 작성해주세요.

> **AI**
> Exploring places and experiencing different cultures has always been a dream of mine. I believe that traveling not only broadens your horizons,

but also enhances your intelligence by exposing you to new ideas and perspectives. That's why I make it a priority to travel and explore as much as I can.(장소를 탐험하고 다른 문화를 경험하는 것은 항상 내 꿈이었습니다. 여행은 단지 시야를 넓혀주는 것뿐만 아니라 새로운 아이디어와 시각을 접목함으로써 지성을 향상시킨다고 믿습니다. 그래서 나는 가능한 한 많이 여행하고 탐험하는 것을 우선시 합니다.)

16 의욕을 북돋아주는 격언을 알려달라고 한다

동서고금의 격언·명언을 골라낸다

꼭 해야 하는 일이나 공부가 있는데도 도무지 의욕이 생기지 않을 때는 **사기를 북돋아주는 문장을 알려달라고 합니다.** 동서고금의 주옥같은 격언·명언을 골라내주기 때문에 마음을 움직이는 말을 꼭 만날 수 있을 것입니다.

BS 일할 의욕이 생기게 해주는 격언 7개를 알려주세요.

AI 기꺼이 도와드리겠습니다! 아래에 일할 의욕을 생기게 해주는 7개의 격언을 소개하겠습니다.

1. "성공은 행동을 한 사람이 손에 넣는 것이다." – 콘래드 힐튼(Conrad Hilton)
2. "성공은 행동을 계속함으로써 얻을 수 있는 것이다." – 토니 로빈스(Tony Robbins)
3. "오늘 할 수 있는 일을 내일로 미루지 마라." – 밴저민 프랭클린(Benjamin Franklin)
4. "실패는 무섭지 않다. 무서운 것은 실패를 두려워하여 아무것도 하지 않는 일이다." – 덴젤 워싱턴(Denzel Washington)
5. "위기는 기회로 바꿀 수 있다." – 월트 디즈니(Walt Disney)
6. "성공하기 위해서는 인생의 시간 대부분을 그저 분발하는 데 쓸 필요가 있다." – 빈스 롬바디(Vince Lombardi)
7. "우리는 선택한 것을 떠올리는 일보다 선택한 것을 후회하는 일이 더 많다." – 마크 트웨인(Mark Twain)

이 격언들이 일할 의욕을 북돋아주기를 바랍니다!

다만 가공의 인물이 말한 격언을 드는 경우도 있습니다.

17 비즈니스 관련 테마를 비유로 알기 쉽게 한다

모르는 분야의 내용을 이해하기 쉽게 설명하게 한다

본인에게는 당연한 비즈니스 테마라고 해도 업계나 업종이 다른 사람에게는 전달하기가 무척 어렵습니다. 챗GPT는 **특정한 테마를 다른 이야기로 비유해서 해설하는 것도 잘합니다.** 모르는 분야의 화제라고 해도 쉽게 이해할 수 있도록 설명해주기 때문에 꼭 활용하기 바랍니다.

경영 컨설턴트 일을 식당에 비유하여 알려주세요.

경영 컨설턴트를 식당에 비유한다면 다음과 같이 표현할 수 있습니다:

식당에서 요리사는 다양한 재료를 사용하여 맛있는 요리를 만듭니다. 이 요리사는 각 재료의 특성과 조합을 잘 알아야 하며, 다양한 요리 기술을 활용하여 고객의 입맛에 맞는 음식을 제공해야 합니다. 또한, 식당의 서비스 품질, 메뉴구성, 가격 설정 등도 중요한 요소입니다.

이와 마찬가지로 경영 컨설턴트는 기업의 다양한 문제점을 파악하고 그 문제를 해결하기 위한 전략과 방안을 제시합니다. 컨설턴트는 기업의 내부 및 외부 환경, 업계 동향, 경쟁 상황 등 다양한 정보를 분석하여 최적의 해결책을 찾아야 합니다. 그리고 그 해결책을 실행하는 과정에서도 지속적인 모니터링과 피드백을 통해 개선점을 찾아나가야 합니다.

요리사가 재료와 기술을 활용하여 최고의 요리를 만들어내는 것처럼, 경영 컨설턴트는 기업의 정보와 리소스를 활용하여 최적의 비즈니스 전략을 설계하고 실행합니다. 그 결과, 기업은 경쟁력을 강화하고 성장할 수 있게 됩니다.

18 챗GPT끼리 토론하게 한다

🔌 토론 시뮬레이션으로 문제점 발견

챗GPT에서는 **테마를 부여함으로써 토론을 실행할 수도 있습니다.** 예컨대 어떤 주제에 대해 찬성파인 A라는 인물과 반대파인 B라는 인물을 설정한다면 양자 사이의 모의 토론을 진행할 수 있습니다. 토론을 함으로써 **문제점이나 새로운 관점의 발견**으로 이어지고 또 실제 회의 전 시뮬레이션 등에도 활용할 수 있을 것 같습니다.

BS 아래의 인물을 상정하고 "AI 기술은 옳은가 그른가"를 테마로 양자 사이에 토론을 진행해주세요. 표시는 양자가 발언하는 형식으로 해주세요.
인물 A : AI 활용에 찬성
인물 B : AI 활용에 반대

 인물 A : AI 기술의 등장과 발전은 우리 시대의 가장 큰 혁신 중 하나입니다. 이를 통해 대량의 데이터를 분석하고 복잡한 문제를 해결할 수 있게 되었죠. 의료부터 교육, 제조업까지 다양한 분야에서 효율성을 극대화하고 비용을 절감하는 데 큰 역할을 하고 있습니다.

인물 B : 그렇게 보기는 하지만, AI 기술의 발전은 우리에게도 부작용을 가져다줍니다. 무엇보다, 일자리 감소와 같은 경제적 파급 효과를 우려해야 합니다. 자동화와 최적화로 인해 많은 사람들이 일자리를 잃을 수 있습니다.

인물 A : 일자리 감소의 문제는 인정합니다. 하지만 기술의 발전과 함께 사회와 경제의 구조도 변화할 것입니다. 새로운 기술에 적응하며 새로운 직종이 생겨나기도 하겠죠. 우리는 AI를 도입하면서도 그 부작용을 최소화하고, 이를 통해 더 많은 기회를 창출하는 방법을 모색해야 합니다.

인물 B : 그렇게만 볼 수는 없어요. AI의 윤리적인 문제도 큰 우려거리입니다. AI는 결정을 내릴 때 인간의 감정이나 도덕성을 고려할 수 없습니다. 이로 인해 예상치 못한 부작용이 발생할 수도 있습니다.

인물 A : 윤리적인 문제는 분명 중요한 이슈입니다. 그렇기에 AI의 결정 과정을 투명하게 만들고, 그 기준을 인간의 윤리와 도덕성을 반영하도록 설계해야 합니다. 기술 자체가 문제가 아니라 그 활용 방법과 기준이 중요하다고 생각해요.

인물 B : 하지만, AI가 지나치게 발전하면 인간의 통제를 벗어나는 순간도 올 수 있습니다. 그 때의 결과나 판단을 우리는 예측할 수 없어요.

인물 A : 그렇기 때문에 초기 단계부터 AI의 발전을 적절하게 통제하고 감독하는 기구나 제도를 만들어, 이러한 우려를 미리 방지해야 합니다. 기술의 발전은 멈출 수 없지만, 그 방향성은 우리가 결정할 수 있습니다.

인물 B : 어쨌든, AI의 활용과 발전에는 신중한 접근이 필요하다고 생각합니다. 우리는 그 위험성과 가능성을 모두 고려하여 행동해야 합니다.

여기서는 두 사람의 의견 모두 챗GPT에 쓰게 했습니다. 하지만 자신이 어느 한쪽의 입장에서 토론을 계속할 수도 있습니다. 그렇게 하면 토론을 더욱 심도 있게 전개할 수도 있을 것입니다.

또한 양자에게 성격을 부여하면 토론의 내용에 방향성을 가지게 할 수 있습니다. 예를 들면 "인물 A를 공격적인 성격으로, 인물 B를 온화하고 소극적인 성격으로 하여 다시 한 번 부탁합니다"라는 식으로 입력하면 됩니다.

19 챗GPT에 직장 일에 대한 불평을 한다

잘 이용하면 심리적인 측면의 지원이 되기도

챗GPT의 색다른 사용법으로는 불평 들어주기도 있습니다. 챗GPT는 인간과 달리 아무리 장시간 불평을 해도 싫증내는 일이 없습니다. 불평이나 고민을 털어놓는 상대로는 최적일 것입니다. 다만 그냥 불평을 쓰면 반드시 건설적인 제안을 해올 것입니다. 단지 들어주기만 했으면 좋겠다고 생각할 때는 제안을 금지하도록 하면 됩니다. 한편 제안 금지는 챗GPT 유료 플랜인 GPT-4를 쓰지 않으면 효과가 없는 것 같습니다. 그 때문에 여기서는 GPT-4를 사용한 대화를 소개합니다.

> **BS** 당신은 불평을 들어주는 친한 친구로서 행동해주세요. 제 일에 대한 것에도 이해를 보여주고 항상 저를 격려해줘야 합니다. 저에 대한 제안은 금지하겠습니다. 알겠습니까?

> **AI** 알겠습니다. 저는 당신의 불평을 듣는 친구로서 행동하겠습니다. 제안은 하지 않겠지만 이해를 표하고 격려하겠습니다. 어떤 일로 고민하고 있습니까? 이야기를 들려주세요.

> **BS** 매일 상사로부터 목표를 달성하지 못했다고 이런저런 잔소리를 듣고 있어요. 애초에 목표가 터무니없는데 그걸 생각해주지 않아요.

> **AI** 정말 힘들겠네요. 무리한 목표에 쫓기면 일이 한층 스트레스가 되는데 말이에요. 목표를 달성하지 못했다고 주의를 받는 것은 더욱 압박감에 갖게 하는 거잖아요. 그런 가운데서도 당신이 계속 분발한 것은 굉장한 일이라고 생각해요. 스트레스가 쌓여도 저는 항상 당신 이야기를 들을 준비가 되어 있어요. 가벼운 마음으로 이야기해주세요.

CHAPTER 4
20 신입 사원에 대한 주의사항을 작성한다

일반적인 문서의 양식 작성은 챗GPT로

사내에서 사용하는 일반적인 문서 양식이나 샘플 작성은 챗GPT가 자신 있어 하는 장르입니다. 여기서는 신입 사원에 대한 주의사항을 만듭니다만, 절전을 부탁하는 문서나 경비 정산의 재촉 등도 상당히 높은 정밀도로 샘플을 얻을 수 있습니다.

당신은 인사부의 책임자입니다. 지난번에 입사한 신입 사원에 대한 주의사항을 만들고 싶으니 본보기를 만들어주세요.

예, 알겠습니다. 신입 사원에 대한 주의사항의 본보기를 아래에 보여드립니다.

신입 사원 여러분께
이번에 우리 회사에 입사해주셔서 정말 감사합니다. 입사한 후에는 회사의 규칙과 문화에 익숙해지기 위해 많은 것을 배울 필요가 있습니다. 아래에 신입 사원 여러분이 주의해야 할 사항을 정리해두었으니 반드시 확인해주시기 바랍니다.

1. 시간에 관한 주의사항
• 출근 시간을 반드시 지켜 지각하지 않도록 해주세요.
• 회의나 면담 등의 예정이 있는 경우에는 반드시 사전에 스케줄을 확인해주세요.
• 일이 끝난 후에는 자신의 책상이나 주위 환경을 정리하여 다음 날에 대비해주세요.

2. 커뮤니케이션에 관한 주의사항
• 선배나 상사, 동료를 존중하고 정중한 언어를 사용해주세요.
• 상대의 이야기를 잘 듣고 이해하려는 자세를 잊지 않도록 해주세요.
• 메일이나 챗 등의 문서 커뮤니케이션에서는 정확하고 명료한 문장을 쓰도록 유념하세요.(후략)

CHAPTER 5

챗GPT로 문자
데이터를 처리해보자

01 한글 숫자를 아라비아 숫자로 바꾼다

🔩 일, 이, 삼···을 1, 2, 3으로 바꾼다

한글 숫자를 아라비아 숫자로 일일이 바꾸는 것은 의외로 번거로운 일입니다. '일'에서 '십'까지라면 단순한 작업이지만, '백' '천' '만' 등이 들어가면 바꾸기가 쉽지만은 않습니다. 하지만 **챗GPT라면 다소 복잡한 숫자여도 간단하게 변환할 수 있습니다.**

> **BS** 구백오십일만칠천팔백육십구를 아라비아 숫자로 바꿔주세요.

> **AI** 구백오십일만칠천팔백육십구를 아라비아 숫자로 바꾸면 9517869입니다.

세 자리마다 콤마를 넣어 구분하고 싶을 때도 챗GPT를 이용하면 됩니다. 다만 이따금 "소수 부분이 포함되어 있지 않기 때문에 콤마를 넣어 구분할 필요가 없습니다"와 같이 엉뚱한 응답을 하는 일도 있습니다. 그 경우에는 다시 같은 프롬프트를 반복합시다.

> **BS** 콤마를 넣어 구분해주세요.

> **AI** 죄송합니다. 지난 응답에 착오가 있었습니다. 구백오십일만칠천팔백육십구를 아라비아 숫자로 바꾸면 9,517,869입니다. 콤마를 넣어 구분하는 경우는 이렇게 표기합니다.

CHAPTER 5

02 성과 이름을 분리한다

성명의 성과 이름을 구분한다

성명의 성과 이름을 일일이 분리하는 것은 품이 드는 일입니다. 그렇다고 해서 엑셀의 함수나 매크로로 처리하는 것도 어렵습니다. 하지만 챗GPT를 사용하면 아주 간단히 분리할 수 있습니다. 다소 드문 성이나 이름이어도 대부분은 정확히 분리합니다.

다만 스페이스바나 탭으로 나누려고 하면 제대로 안 되는 경우도 있기 때문에 일단 콤마로 나누고 나서 바꾸는 게 확실합니다.

BS 아래의 성명을 성과 이름을 분할하고 그 사이에 콤마를 넣어주세요.

킬리언머피
에밀리블런트
맷데이먼
로버트다우니주니어
베니사프디
플로렌스퓨
라미말렉
조쉬하트넷

 성과 이름을 분할하고 그 사이에 콤마를 넣어 표기하면 다음과 같습니다:

킬리언, 머피
에밀리, 블런트

맷, 데이먼
로버트, 다우니 주니어
베니, 사프디
플로렌스, 퓨
라미, 말렉
조쉬, 하트넷

주의 : 몇몇 성명은 한국어로 번역될 때 정확한 성과 이름의 구분이 애매할 수 있습니다. 위의 분할은 일반적인 기준으로 나눈 것입니다.

03 주소를 분할한다

주소를 알아보기 편하게 구분한다

명부 등의 주소 데이터를 이용할 때 주소의 내용을 분할하고 싶은 경우가 있습니다. 그럴 때는 챗GPT에 작업을 맡기면 됩니다.

BS 다음 주소를 시, 도, 구, 로, 건물명으로 쉼표를 써서 구분해주세요.
강남구중앙로8길75강남하이츠
부산시서구자갈치로98국제하우스
서울시성북구비둘기로33
인천시부평구시장로93
강원도홍천군잣나무골608
대전시성심구부추로파운드아파트104-404
광주광역시북구무등로수박마을303-708
수원시광교럭셔리빌708

 서울시, 강남구, 중앙로 8길, 75, 강남하이츠
부산시, 서구, 자갈치로, 98, 국제하우스
서울시, 성북구, 비둘기로, 33,
인천시, 부평구, 시장로, 93,
강원도, 홍천군, 잣나무골, 608,
대전시, 성심구, 부추로, 104-404, 파운드아파트
광주광역시, 북구, 무등로, 303-708, 수박마을
수원시, 광교, 708, 럭셔리빌

04 이름 등 고유명사의 읽는 법을 조사한다

인명이나 지명 읽는 법을 조사하게 한다

인명 등 고유명사는 읽는 법이 독특한 경우가 많습니다. 이름을 하나하나 검색해도 좋겠지만, 모아서 챗GPT에 조사하게 하는 게 편합니다. 다만 올바로 읽지 못하는 것도 있기 때문에 결과는 항상 체크해야 합니다.

BS 아래의 인명을 어떻게 읽는지 알려주세요.

DiCaprio
Johansson
Gleeson
Keoghan
Fitzgerald
Brosnan
Hathaway
Cusack
Aniston
Fahey

 아래의 인명들은 영어로 다음과 같이 발음합니다:

DiCaprio : 디캐프리오
Johansson : 요한슨 (또는 조핸선, 발음은 조금씩 달라질 수 있습니다.)
Gleeson : 글리슨
Keoghan : 케오간 (일부 발음에서는 "코건"으로도 들릴 수 있습니다.)
Fitzgerald : 피츠제럴드

> Brosnan : 브로스넌
> Hathaway: 해서웨이
> Cusack: 큐삭 혹은 쿠삭
> Aniston: 애니스턴
> Fahey: 페이히
>
> 이러한 발음은 국가나 지역마다 조금씩 다를 수 있습니다.

지명도 어떻게 읽는지 물어볼 수 있습니다. 다만 읽기 어려운 지명은 제법 많이 틀립니다. 그 때문에 극히 일반적인 지명 외에는 챗GPT의 응답은 믿을 수가 없습니다.

05 상품을 그룹으로 나눈다

 분류 기준은 '일임' 이지만 명확하게 지정해도 괜찮다

어수선하게 늘어선 품목을 그룹으로 나누고 싶을 때 챗GPT를 사용하면 간단
합니다. 어떻게 분류할지부터 맡겨버릴 수 있습니다. 우선은 그룹으로 나누는 기
준을 제시하지 않고 간단히 그룹으로 나누라고 지시해봅니다.

BS 아래에 든 항목을 그룹으로 나눠주세요.

연필
노트
볼펜
메모 용지
커터 칼
가위
셀로판테이프
풀
지우개
형광펜

 문방구 :
- 연필
- 볼펜
- 커터 칼
- 가위
- 지우개
- 형광펜

종이 제품 :
- 노트
- 메모 용지

접착 용품 :
- 셀로판테이프
- 풀

챗GPT에 맡긴 분류 결과에 불만이 있는 경우, 분류 기준을 명확히 알리면 정밀도가 높아지기 때문에 결과를 보며 몇 차례 수정 지시를 내리면 됩니다.

BS 쓸 때 사용하는 것, 자를 때 사용하는 것, 붙일 때 사용하는 것으로 분류해주세요.

쓸 때 사용하는 것
- 연필
- 볼펜
- 지우개
- 형광펜

자를 때 사용하는 것
- 커터 칼
- 가위

붙일 때 사용하는 것
- 셀로판테이프
- 풀   (후략)

06 앙케트를 분석한다

좋은 점과 나쁜 점을 정리해서 개선안을 제시한다

앙케트 결과 분석에서 선택지 데이터는 처리가 단순하지만, **자유롭게 기술한 것을 정리하기**는 힘듭니다. 원래는 수작업으로 할 수밖에 없었던 앙케트 결과 분석도 챗GPT를 활용하면 정리, 분석만이 아니라 개선안 제시까지 자동으로 할 수 있습니다.

BS 아래의 앙케트 결과에서 이 의류 점포의 추천 포인트로서 어필했던 방식에서 좋은 점과 개선해야 할 문제점을 정리해서 제시해주세요.

"브랜드 이미지에 맞는 인테리어는 훌륭합니다. 하지만 조명이 어두침침해서 옷감의 색감을 알기 힘든 것 같습니다."
"액세서리 등의 소품 디스플레이가 낮은 위치에 있어 상품을 보기 힘듭니다. 근사한 디자인인데 안타깝습니다."
"스태프의 거리감이 절묘해서 무척 쾌적한 쇼핑을 할 수 있었습니다. 조언이나 상품 제시도 적절합니다."
"가을과 겨울 디자인은 차분한 느낌이어서 좋습니다만, 봄여름 디자인은 좀 더 컬러풀하고 팝적인 것도 고를 수 있었으면 기쁠 것 같습니다."
"이 가격에 이 퀄리티는 훌륭하다고 생각하지만, 브랜드 이름이 아직 세상에 널리 알려지지 않은 점이 아쉽습니다."

  이 의류 점포의 추천 포인트로서 어필한 방식이 좋은 점은 아래와 같습니다.

1. 스태프의 서비스가 고품질이라는 것.
2. 가을과 겨울 디자인이 훌륭하다는 것.
3. 가격과 퀄리티의 균형이 잘 잡혀 있다는 것.
(후략)

글의 내용을 표로 정리한다

글의 요소를 정리하여 표로 만들어준다

문장으로 세세하게 설명하는 것보다는 **표로 정리하는 것이 이해하기 쉬운 경우도 있습니다.** 그러나 스스로 글을 표로 정리하게 되면 의외로 시간이 걸리는 법입니다. 그런 때는 글을 챗GPT에 넣어 지시하기만 하면 간단히 표로 만들어줍니다.

BS 아래의 글을 표로 정리해주세요.

조직이 성립하기 위해서는 커뮤니케이션, 공헌 의욕, 공통의 목적, 이 세 가지 요소가 필요합니다. 커뮤니케이션이란 조직 내에서 일하는 사람들 사이에서 의사소통을 꾀하는 일입니다. 공헌 의욕이란 조직에 공헌하고 싶다는 욕구여서 일의 원동력이 됩니다. 공통의 목적이란 조직 전체가 지향하는 목표이고 조직이 하나가 되어 협력함으로써 달성하는 것을 의미합니다.

요소	의미
커뮤니케이션	조직 내에서 일하는 사람들 사이의 의사소통을 꾀하는 것.
공헌 의욕	조직에 공헌하고자 하는 욕구이며 일의 원동력이 된다.
공통의 목적	조직 전체가 지향하는 목표이며 조직이 하나가 되어 협력함으로써 달성한다.

위의 예에서는 조직의 3요소에 대해 말하고 있지만, 각 요소가 표로 정리됨으로써 요점을 간단히 확인할 수 있게 되었습니다. 이처럼 복수의 항목이 하나의 단락으로 설명되고 있는 글은 표 형식으로 정리하는 것이 더 이해하기 쉽습니다.

08 글에서 업무를 만든다

업무 만들기가 어려울 때는 글에서 업무를 만든다

일을 효율적으로 하기 위해서는 업무 관리가 중요합니다. 그러나 내용에 따라서는 업무 만들기가 어려운 경우가 있습니다. 그럴 때는 **할 일이 쓰인 글을 챗 GPT에 전해 업무로 만들어달라고 하면 효율적으로 업무를 만들 수 있습니다.** 예컨대 자신이 쓴 메모나 메일의 본문을 그대로 붙여넣고 업무로 만들라고 지시하면 곧바로 내용을 판단하여 업무를 항목별 기재 방식으로 만들어줍니다.

 아래의 메일에서 업무를 추출하여 간결한 형식으로 정리해주세요. 중요한 날짜나 상세한 내용도 포함해주세요.

수고하십니다.
이번 금요일에 클라이언트와의 미팅이 있으니 수요일까지 제안서를 준비해주세요. 또 미팅의 개요와 제안서를 팀원들에게 메일로 공유해주세요.

 업무 :
• 제안서를 준비한다.
• 수요일까지 제안서를 완성한다.
• 미팅의 개요를 정리한다.
• 제안서와 미팅의 개요를 팀원들에게 메일로 공유한다.

중요한 날짜 :
• 미팅 날짜 : 금요일
• 제안서 제출 기한 : 수요일

업무로 만들기만 한다면 맨 먼저 무엇을 해야 할지 알기 어려운 경우가 있습니다. 그런 경우에는 우선순위를 붙이는 것을 추천합니다. 업무로 만든 후 "우선순위를 붙여주세요"라고 지시하면 조금 전에 업무로 만든 것에 우선순위를 붙여 다시 업무를 제시해줍니다.

BS 우선순위를 붙여주세요.

AI 아래는 우선순위가 높은 순으로 업무를 제시한 것입니다 :

1. 제안서를 준비한다.
2. 미팅의 개요를 정리한다.
3. 제안서와 미팅의 개요를 팀원들에게 메일로 공유한다.
4. 수요일까지 제안서를 완성한다.

맨 먼저 제안서 준비를 우선할 필요가 있습니다. 그것에 이어 미팅의 개요를 정리합니다. 이 두 가지 업무가 우선된 것은 미팅을 위한 준비가 필요하고, 팀원들과 클라이언트 사이의 커뮤니케이션을 원활하게 하기 위해서입니다. 그 후 제안서와 미팅의 개요를 팀원들에게 메일로 공유할 필요가 있습니다. 마지막으로 수요일까지 제안서를 완성할 수 있습니다.

ONE MORE
복잡한 업무인 경우는 '스텝 바이 스텝'으로 지시한다

복잡한 업무인 경우 스텝 바이 스텝으로 지시를 내리면 순위가 붙은 응답을 얻을 수 있습니다. 여기서의 샘플을 예로 들자면 "아래의 메일에서 업무를 추출하고 간단한 형식으로 정리하여 스텝 바이 스텝으로 알려주세요"라는 식이 됩니다.

09 간이 데이터베이스를 만들어 검색한다

🔧 아주 간단한 데이터베이스라면 처리할 수 있다

명부 같은 데이터를 챗GPT에 읽게 하면 그 내용을 대화 형식으로 검색할 수 있습니다. 여기서는 이름, 생년월일, 전화번호, 주소로 구성된 데이터를 읽게 하여 이름에서부터 전화번호를 불러내 보겠습니다. 다만 같은 이름의 데이터가 여럿 존재하면 출력은 불안정해집니다.

BS 아래의 데이터를 기억해주세요.

'이름', '생년월일', '전화번호', '주소'

'김지수', '1992년 5월 3일', '010-1234-5678', '서울특별시 중구 가상로 123번 길 45'

'이하준', '2004년 11월 20일', '010-9876-5432', '부산광역시 해운대구 상상동 678-9'

'박예진', '2009년 6월 17일', '010-4567-1234', '대구광역시 수성구 창조로 56번길 78'

'최서영', '1997년 7월 2일', '010-8765-4321', '인천광역시 연수구 환상대로 1234'

'정민호', '1969년 9월 21일', '010-2345-6789', '광주광역시 서구 가상구 12-34'

'송태현', '1941년 6월 15일', '010-6789-2345', '대전광역시 중구 창조로 45번 길 67'

'한지민', '2003년 8월 19일', '010-5678-9012', '울산광역시 남구 상상동 890번길 12'

'윤하늘', '2012년 5월 31일', '010-4321-8765', '경기도 수원시 판타지구 상상로 345'

'조윤서', '1999년 3월 30일', '010-3456-7890', '제주특별자치도 제주시 환상로 678번길 90'
'백현우', '1980년 10월 2일', '010-7890-3456', '충청북도 청주시 상상구 가상동 12-34'

알겠습니다.

BS 이하준, 전화번호

이하준의 전화번호는 '010-9876-5432' 입니다.

BS 1997년 7월 2일, 이름

1997년 7월 2일에 해당하는 이름은 '최서영' 입니다.

BS 제주특별자치도, 이름

제주특별자치도에 사는 사람의 이름은 '조윤서' 입니다.

데이터베이스에서 데이터를 끄집어낼 때 좀 더 엄밀하게 쓰지 않으면 목적하는 데이터를 얻을 수 없습니다. 하지만 챗GPT에서는 이렇게 대충 써도 나름의 정밀도를 가진 정보를 얻을 수 있습니다. 여기서의 질문은 모두 옳은 응답이 나왔습니다.

다만 데이터베이스를 엄밀한 방법으로 취급하지는 않기에 정밀도라는 면에서 얼마나 신뢰할 수 있을지는 불분명합니다. 사내의 내선번호나 사원의 소속 부서 등 내부에서 이용하는 편이 안전할 것입니다.

여기서 언급한 데이터는 모두 가공의 것으로, 실재 인물이나 전화번호와는 전혀 관계가 없습니다.

CHAPTER 5

10 필요한 요소를 표로 작성한다

명부나 상품 목록 등의 더미 데이터를 만들 수 있다

업무에서 샘플 데이터의 표를 작성하고 싶을 때 챗GPT를 활용하면 간단히 작성할 수 있습니다. 프롬프트에서 열과 행의 수, 필요한 구성 요소를 지정하기만 하면 표 형태로 데이터를 출력해줍니다. 완성된 표는 복사와 붙여넣기로 엑셀에서 이용할 수 있습니다.

BS 3열 15행의 명부 목록을 표 형식으로 작성해주세요. 열의 구성은 이름, 주소, 전화번호입니다.

이름	주소	전화번호
김예원	서울특별시 중구 신상로 101번길 12	010-1122-3344
이태민	부산광역시 해운대구 구상동 345-7	010-2233-4455
최정남	대구광역시 동구 모름로 567번길 89	010-3344-5566
박하린	인천광역시 서구 환상대로 123번길 45	010-4455-6677
정서진	대전광역시 중구 창조로 78번길 90	010-5566-7788
송윤미	광주광역시 북구 상상대로 234번길 56	010-6677-8899
황준영	울산광역시 남구 판타지로 345번길 78	010-7788-9900
윤지안	세종특별자치시 신기구 미래로 456번길 23	010-8899-0011
조은지	경기도 파주시 꿈꾸는 동 789-12	010-9900-1122
남소연	제주특별자치도 제주시 놀이로 123번길 45	010-0011-2233
김혜진	강원도 원주시 꿈꾸는 길 123번지	010-0022-3344
이민호	충청남도 천안시 환상로 456번지 78	010-1133-4455
박수빈	전라남도 목포시 상상대로 90번길 34	010-3355-6677
최유진	경상북도 포항시 창조길 789번지 12	010-2244-5566
장서영	충청북도 충주시 미래로 12번지 56	010-4466-7788

11 글에서 키워드를 추출한다

스스로 골라내는 수고를 덜 수 있다

챗GPT는 글 안의 특정 요소를 골라내고 싶을 때도 도움이 됩니다. 예컨대 글에 등장하는 지명이나 인명 등을 열거하는 용도에 이용할 수 있습니다. 장문에서도 척척 골라내주기 때문에 스스로 찾는 수고를 덜고 작업 시간을 대폭 줄여줍니다.

> **BS**
>
> 아래의 글에 포함된 지명을, 번호를 붙여 열거해주세요.
>
> 경주는 한국을 대표하는 관광 도시 중 하나로, 많은 사람이 찾고 싶어 하는 장소 중 하나로 알려져 있습니다. 고도(古都)로서의 역사적 가치와 아름다운 자연, 문화재, 전통적인 건물과 정원 등 볼만한 곳이 많습니다.
> 세계유산에도 등록된 불국사, 석굴암 등의 역사적 건조물에 대한 방문을 추천합니다. 또한 양동마을과 옥산서원, 대릉원도 방문할 가치가 있습니다.

> **AI**
>
> 1. 경주
> 2. 불국사
> 3. 석굴암
> 4. 양동마을
> 5. 옥산서원
> 6. 대릉원

한편 키워드를 골라내는 경우, 열거하는 개수를 지정할 수도 있습니다. 위의 예라면 "아래 글에 포함된 지명을, 번호를 붙여 위에서부터 다섯 개를 열거해주세요"라고 지시하면 위에서 다섯 개의 지명만 골라냅니다.

12 블로그의 SEO 전략을 제안하게 한다

🔧 'AIPRM for ChatGPT'로 SEO 툴화

운영하고 있는 블로그의 방문자 수를 늘리기 위해서는 적절한 SEO 전략을 빼놓을 수 없습니다. 그러나 SEO 전략을 스스로 생각하는 것은 고도의 지식이 필요하기에 초심자에게는 상당히 허들이 높은 작업입니다. 그럴 때는 크롬 확장 기능의 'AIPRM for ChatGPT'를 사용하면 됩니다. **챗GPT를 SEO 툴로 이용하고 프롬프트에 키워드를 입력하기만 하면 SEO 제안을 해줍니다.**

AIPRM for ChatGPT
개발자 : www.aiprm.com
URL : https://chrome.google.com/webstore/detail/aiprm-for-chatgpt/ojnbohmppadfgpejeebfnmnknjdlckgj

1 계정 접속을 진행한다

확장 기능을 설치한 후 안내 화면이 표시되면 'Continue'를 클릭한다.

2 Google 계정으로 접속

다음에 표시된 화면에 있는 체크 박스에 체크 표시를 하고 'Connect with Google account'를 클릭한다.

3 OpenAI 계정으로 접속

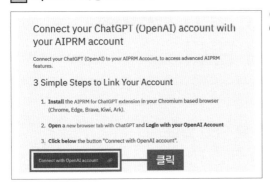

이어서 표시된 화면의 'Connect with OpenAI account'를 클릭한다.

4 챗GPT에서 동작시킨다

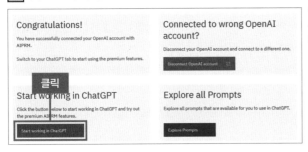

'Congratulations!' 화면이 표시되면 왼쪽 아래에 있는 'Start working in ChatGPT'를 클릭한다

5 언어와 프롬프트의 설정

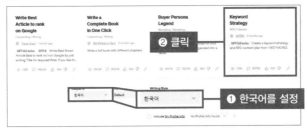

챗GPT에서 신규 챗 화면을 열면 'AIPRM for ChatGPT' 메뉴가 표시되기 때문에 화면 아래쪽에 있는 'Output in'을 '한국어'로 설명하고 프롬프트 일람에서 'Keyword Strategy'를 클릭한다.

6 분석 키워드 입력

SEO 키워드 분석 모드가 되기 때문에 이 상태에서 프롬프트에 분석하고 싶은 키워드를 입력하는 구조다.

'AIPRM for ChatGPT'의 도입과 설정이 끝난 후에는 프롬프트에 키워드를 입력하기만 하면 표 형식으로 SEO 플랜을 제안해줍니다. 클러스터 키워드, 키워드, 검색 의도, 타이틀, 메타 디스크립션에 이르기까지 표시해주기 때문에 블로그 기사의 제작에 그대로 살릴 수 있습니다.

BS 라면

keyword cluster	keyword	search inten	title	meta description
라면 레시피	짬뽕라면	informational	짬뽕라면 만드는 법	최고의 짬뽕라면 레시피를 확인하세요! 단계별로 쉽게 따라할 수 있어요. 지금 바로 확인하고 맛있게 만들어보세요!
라면 종류	신라면	commercial	신라면의 특별한 맛	신라면의 독특한 맛의 비밀을 알고 싶나요? 여기서 그 모든 것을 발견하세요! 지금 클릭하고 신라면의 비밀을 탐험하세요!
라면 브랜드	삼양라면	transactional	삼양라면 구매 가이드	삼양라면을 구매하기 전에 알아야 할 모든 것! 빠르게 원하는 제품을 찾을 수 있는 가이드를 지금 확인하세요!
라면 역사	라면의 탄생	informational	라면의 흥미로운 탄생 이야기	라면이 어떻게 탄생했는지 궁금하신가요? 라면의 흥미로운 역사를 지금 바로 확인하세요! 여기서 당신의 궁금증을 해결하세요!
라면 재료	라면 스프	commercial	라면 스프의 선택	어떤 라면 스프가 최고인가요? 다양한 라면 스프의 특징과 추천 제품을 여기서 확인하세요! 바로 이 글로 오세요!
라면 조리법	라면 끓이는 방법	informational	라면 더 맛있게 끓이는 법	라면을 더 맛있게 끓이고 싶으세요? 프로처럼 라면 끓이는 법을 알려드립니다! 지금 바로 이 글을 확인하세요!
라면 팁	라면 맛있게 먹는 팁	informational	라면을 더 맛있게 즐기는 방법	라면을 더 맛있게 먹고 싶다면? 이 팁들로 라면을 더욱 특별하게 즐길 수 있어요! 지금 확인하고 라면의 새로운 맛을 경험하세요!

ONE MORE

SEO 전략에 기초하여 조언도

표시된 SEO 전략에 더해 "이것을 근거로 뭔가 제안할 것이 있습니까?"라고 물으면 기사 제작에 관한 조언을 받을 수도 있습니다. 플러스알파와 같은 아이디어를 제안해주는 일도 있으므로 SEO에 관한 질문을 자꾸 던져보면 좋을 것입니다.

CHAPTER 5
13 브레인스토밍을 도와준다

자유로운 발상으로 참신한 아이디어나 해결책을 찾을 수 있다

브레인스토밍은 아이디어나 해결책을 생각하는 데 유효한 수단입니다. 보통 참가자끼리 자유롭게 의견이나 아이디어를 교환하지만, 기존 발상이나 그 자리의 분위기 등에 얽매여 자유로운 발상을 저해하는 경우가 적지 않습니다. 그러나 **챗GPT라면 그러한 편견을 갖지 않기에 기존이라면 생각할 수 없었던 참신한 아이디어나 해결책이 생길 가능성이 있습니다.**

또한 혼자 브레인스토밍을 하는 것은 난이도가 높아, 대개는 참가자를 한곳에 모으거나 온라인 회의를 실시간에 할 필요가 있습니다. 그러나 **챗GPT를 이용하면 혼자서도 브레인스토밍을 할 수 있습니다.**

더구나 챗GPT를 상대로 브레인스토밍을 할 때는 구체적인 테마나 목적을 명확히 하고 그것에 따라 질문을 입력하는 것이 중요합니다.

BS 우리 회사의 오리지널 굿즈인 '곰순이'의 판로를 확대할 방법을 생각해주세요.

AI '곰순이'의 판로를 확대하기 위해서는 아래와 같은 방법을 생각해볼 수 있습니다.

1. 온라인 판매의 강화
'곰순이'를 온라인에서 판매함으로써 지리적 제약을 넘어 상품을 구입할 수 있게 합니다. 자사의 웹 사이트나 온라인 마켓플레이스 등을 활용하여 더 많은 사람에게 접근할 수 있게 합니다. 또한 온라인 스토어의 설계와 아이템 설명을 개선함으로써 고객의 구매 결정을 촉진할 수 있습니다.

2. 도매에 의한 확대

'곰순이'를 취급하는 소매업사, 숍, 온라인 스토어에 도매함으로써 판매 영역을 넓힐 수 있습니다. 도매가격의 설정이나 판매 지원 등 소매업자에게 매력적인 제안을 준비하는 것이 중요합니다.

3. 이벤트 출품

'곰순이'를 출품하여 판매를 위한 부스를 구축할 수 있습니다. 지역 축제나 컨벤션 등 사람들이 모이는 이벤트에 참가함으로써 많은 사람에게 '곰순이'를 알릴 수 있습니다.

4. SNS를 활용한 판매 활동

SNS는 상품이나 서비스를 선전하기 위한 강력한 툴입니다. 인스타그램, 트위터, 페이스북 등 고객이 활발하게 이용하는 플랫폼에 계정을 만들어 팔로우하게 함으로써 '곰순이'의 지명도를 높일 수 있습니다. 또한 세일이나 캠페인 개최, 선물 기획 등을 통해 고객의 관심을 끌 수 있습니다.

이상과 같은 방법을 조합함으로써 '곰순이'의 판로를 확대할 수 있습니다. 중요한 것은 상품의 매력을 전하는 것이고, 고객의 구매 의욕을 끌어낼 수 있는 판촉 전략을 세우는 것입니다.

4의 SNS를 활용한 판촉 활동으로는 어떤 것을 하면 좋을까요?

SNS를 활용한 판촉 활동은 아래와 같은 방법으로 실시할 수 있습니다.

1. 창의적인 콘텐츠 제작

'곰순이'를 소개하는 창의적인 콘텐츠를 제작하고 SNS에 공개하는 것이 중요합니다. 예컨대 귀여운 애니메이션이나 일러스트를 만들어 상품의 특징을 알기 쉽게 전할 수 있습니다.

2. 팔로워의 증가를 목표로 한다

SNS의 팔로워를 늘리면 상품을 알릴 가능성이 높아집니다. 인스타그램, 트위터 등 고객이 활발하게 이용하는 플랫폼에 계정을 만들고 정기적으로 콘텐츠를 올림으로써 팔로워를 늘릴 수 있습니다.

3. 캠페인 개최
세일이나 캠페인을 개최함으로써 고객의 관심을 끌 수 있습니다. 예컨대 SNS 상에서 '곰순이'를 소개하고 공유해준 사람 중에서 추첨하여 선물을 주는 캠페인을 실시할 수 있습니다.

4. 인플루언서와의 콜라보레이션
SNS에서 영향력 있는 인플루언서와 협업을 함으로써 '곰순이'를 알릴 수 있습니다. 인플루언서가 '곰순이'를 소개함으로써 인지도를 높일 수 있습니다.

5. 해시태그의 활용
SNS상에서 해시태그를 활용함으로써 상품을 검색하는 사람들이 '곰순이'를 발견하기 쉬워집니다. 해시태그를 활용함으로써 상품의 인지도를 높일 수 있습니다.

이상과 같은 방법을 조합함으로써 SNS를 활용한 판촉 활동을 실시할 수 있습니다. 중요한 것은 팔로워에게 가치 있는 콘텐츠를 제공함으로써 상품에 대한 관심을 이끌어내는 일입니다.

ⓥ 아이디어 제안이나 대상을 좁혀가는 것에도 적합하다

챗GPT는 질문에 대해 다양한 제안을 하기 때문에 아이디어를 낼 때도 최적입니다. 이 경우 우선 질보다 양을 중시하여 아이디어를 내게 하는 것이 좋습니다. 그리고 그 아이디어에서 쓸 만한 것을 고르고, 그 장점과 단점을 들으면 좀 더 구체적인 아이디어로 발전시킬 수 있습니다.

아스파라거스를 사용한 새로운 메뉴를 개발하고 싶습니다. 이탈리아 요리로, 봄에 어울리는 메뉴 다섯 가지를 생각해주세요.

아스파라거스를 사용한 이탈리아 요리의 봄 메뉴 아이디어 다섯 가지를 제공하겠습니다.

1. 아스파라거스와 모차렐라 샐러드
아스파라거스를 삶아 모차렐라 치즈, 토마토, 바질과 함께 샐러드로 만듭니다.
발사믹 식초나 올리브유로 드레싱하여 봄의 상쾌한 맛을 즐길 수 있습니다.

2. 아스파라거스와 해산물 리조토
아스파라거스를 잘게 썰고 해산물과 함께 리조토에 넣습니다. 화이트 와인이나
파르미지아노 레지아노 치즈를 더하면 풍미를 한층 끌어올릴 수 있습니다.

3. 아스파라거스와 페스토 소스의 파스타
아스파라거스를 데치고 페스토 소스와 함께 파스타를 휘감습니다. 파르미지아
노 레지아오 치즈를 뿌리면 완성입니다.

4. 아스파라거스 피자
피자 도우에 토마토 소스를 바르고 아스파라거스, 프로슈토, 모차렐라 치즈를
토핑합니다. 오븐에서 구우면 아스파라거스 풍미가 듬뿍 담긴 봄다운 피자가
완성됩니다.

5. 아스파라거스와 리코타 치즈 타르트
아스파라거스를 데치고 리코타 치즈와 함께 타르트에 넣습니다. 도우에는 올리
브유나 로즈마리를 더하면 건강하고 풍미 가득한 타르트가 됩니다.

BS 칼로리를 의식하는 손님이 많기에 저칼로리가 바람직합니다. 이 메뉴 중 어느
것이 가장 적절할까요?

AI 저칼로리를 의식하는 손님이 많은 경우 아래의 메뉴가 가장 적절하겠지요 :

아스파라거스와 모차렐라 샐러드

이유는 다른 메뉴에 비해 칼로리가 낮고 채소를 듬뿍 먹을 수 있기 때문입니
다. 다른 메뉴는 리조토나 파스타, 피자 등 탄수화물이 많이 포함되어 있어 칼
로리가 높습니다. 다만 리조토나 파스타, 피자 등도 아스파라거스를 많이 써서
채소의 비율을 높이는 등 여러 가지로 궁리하면 칼로리를 억제할 수 있습니다.

챗GPT로 컴퓨터
사용법을 배우자

[Windows] 특정 파일의 저장 장소를 안다

컴퓨터나 윈도우의 일반적인 지식을 묻는다

컴퓨터 사용법에 대해 의문이 생겼을 때 보통은 구글이나 Bing에서 키워드 검색을 해서 나온 것이나 링크를 클릭하여 그 페이지를 읽게 됩니다. 그리고 경우에 따라서는 도입 부분이나 광고 등 관심 없는 정보가 포함된 페이지 중에서 알고 싶은 것을 찾아야 합니다. 그러나 **챗GPT를 사용하면 질문 내용에 따라서는 찾고 있던 답을 간단히 얻을 수 있습니다.**

여기서는 윈도우의 특정 종류 파일이 어떤 폴더에 저장되어 있는지 질문합니다. 예로 사운드 파일을 들었지만 다른 종류의 파일이어도 답을 얻을 수 있습니다. 또한 기존 폴더에 어떤 파일을 저장해야 할지를 배울 수도 있습니다.

BS 윈도우에는 일반적으로 어디에 사운드 파일이 저장되어 있는지 알려주세요.

AI 윈도우에서 사운드 파일은 보통 다음 경로에 저장됩니다.

C:\Windows\Media

이 경로에는 윈도우가 디폴트로 제공하는 사운드 파일이 저장되어 있습니다. 다만 사용자가 작성한 사운드 파일이나 외부 애플리케이션이 생성한 사운드 파일은 다른 경로에 저장되는 경우가 있습니다.
또한 특정한 애플리케이션과 관련된 사운드 파일은 그 애플리케이션이 설치된 폴더에 저장되는 경우가 있습니다. 그 때문에 애플리케이션의 기록을 확인하는 것도 중요합니다.

챗GPT의 응답 중에서 "다른 경로에 저장되는 경우가 있습니다"라고 되어 있어서 그 부분에 대해 거듭 질문해봤더니 더욱 상세한 정보를 얻을 수 있었습니다.

BS 다른 경로의 예를 알려주세요.

AI 사용자가 작성한 사운드 파일은 일반적으로 Documents 폴더나 Desktop 등의 Users 프로파일에 저장됩니다. 예컨대 윈도우 10이라면 아래 장소에 저장되는 일이 있습니다.

C:\Users\사용자 명\Documents

C:\Users\사용자 명\Desktop

또한 외부 애플리케이션이 생성하는 사운드 파일은 그 애플리케이션이 설치된 파일 내의 특정한 하위 폴더에 저장되는 일이 있습니다. 예컨대 오디오 편집 소프트웨어라면 작업 중에 생성된 사운드 파일은 보통 프로젝트 폴더 내의 하위 폴더에 저장됩니다.

일반적으로 그렇습니다만, 실제로는 환경이나 애플리케이션에 따라 다른 경우가 있습니다. 따라서 특정한 사운드 파일을 찾는 경우에는 관련된 애플리케이션의 기록을 참조하거나 검색 기능을 사용하여 찾는 것이 필요한 경우가 있습니다.

ONE MORE
윈도우 11의 정보를 듣고 싶을 때는

챗GPT에 컴퓨터 사용법을 물으면 윈도우 10에 대한 정보를 알려줍니다. 윈도우 11의 발매일은 2021년 10월 5일인데 챗GPT는 2021년까지의 정보밖에 포함하고 있지 않습니다. 그 때문에 윈도우 11에 대한 정보는 불완전해 보입니다. CHAPTER 7에서 소개하는 Bing챗 검색을 이용하는 게 좋습니다.

[Windows] 작업 표시줄의 색을 변경하는 방법을 배운다

조작 방법을 물을 때는 버전 차이에 주의

챗GPT는 윈도우의 조작 방법에 대해 물어봐도 가르쳐줍니다. 컴퓨터 초심자만이 아니라 중급자 이상에게도 무척 마음 든든한 일이지만, 꼭 그대로 사용할 수 있는 순서를 가르쳐준다고는 할 수 없습니다. 윈도우가 업데이트할 때 때때로 화면 표시나 용어가 바뀌는 것도 그 이유 중의 하나입니다. 그 때문에 주의하며 지시된 순서를 실행할 필요가 있습니다.

> **BS** 윈도우에서 작업 표시줄의 색을 변경하는 방법을 가르쳐주세요.
>
> **AI** 윈도우에서 작업 표시줄의 색을 변경하는 방법은 아래 순서를 따르세요 :
>
> 1. 작업 표시줄을 우클릭하고 '설정'을 선택합니다.
> 2. '개인 설정'을 클릭합니다.
> 3. '색'을 클릭합니다.
> 4. '색 선택'을 클릭하여 새로운 색을 선택합니다. 또는 자신이 사용자 지정 색을 선택할 수도 있습니다.
> 5. '시작, 작업 표시줄, 알림 센터'를 클릭하고 '작업 표시줄의 색 표시'를 켬으로 변경합니다.
> 6. 작업 표시줄의 색이 선택한 색으로 변경됩니다.

이 정보가 맞는지 아닌지 실제로 조작해서 확인해보기 바랍니다.

1 작업 표시줄의 설정을 표시한다

작업 표시줄의 아무 데서나 우 클릭하고 메뉴의 '작업 표시줄 설정'을 클릭한다. 이곳은 부분 의 명칭이 약간 다른 정도라서 조작에는 지장이 없을 것이다.

2 색을 선택한다

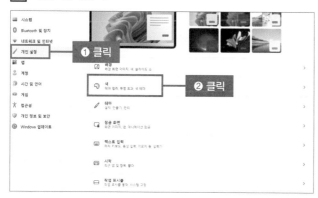

'설정' 창이 표시되면 왼쪽 메뉴 에서 '색'을 클릭한다. 이 부분 은 챗GPT가 제시한 순서와는 약간 다르기 때문에 당황할지도 모른다.

3 선택한 색을 작업 표시줄에 표시

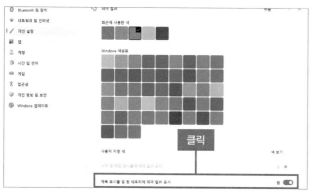

이 부분도 챗GPT가 알려준 순 서와 약간 다르다. 컴퓨터에 익 숙한 사람이라면 문제없는 수준 이다.

03 [Excel] 어떤 함수를 사용하면 좋을지 물어본다

목적을 전하면 최적의 함수와 용례를 제시해준다

　엑셀을 잘 다루려면 함수에 대한 지식이 필요합니다. 하지만 어떤 함수가 어떤 기능을 가지는지, 무엇을 인수로서 필요로 하는지를 모두 기억해두는 것은 불가능합니다. '이런 걸 하고 싶다'고 생각했을 때 최적의 함수를 모르는 경우는 챗GPT에 목적을 전하고 설명해달라고 하면 됩니다. 도움말 항목을 훑어보는 것보다 훨씬 편하게 원하는 함수를 찾을 수 있습니다.

엑셀에서 조건에 일치하는 값의 개수를 구하고 싶을 때 사용하는 함수를 알려주세요.

엑셀에서 조건에 일치하는 값의 개수를 구하고 싶을 때 사용하는 함수는 COUNTIF 함수입니다. COUNTIF 함수는 지정한 범위 내에서 특정 조건을 만족하는 셀의 개수를 계산합니다.

COUNTIF 함수의 기본 구문은 다음과 같습니다.

= COUNTIF(범위, 조건)

예를 들어 A 열에 있는 숫자 중에서 10 이상의 값 개수를 세고 싶은 경우는 아래와 같이 COUNTIF 함수를 사용합니다.

= COUNTIF(A:A, " >=10 ")

여기서 A:A는 범위를 나타내고, " >=10 " 는 조건을 나타냅니다. 이 경우 A 열 전체를 범위로 하고 10 이상이라는 조건에 일치하는 셀의 개수를 헤아리게 됩니다.

04

[Excel] 복잡한 함수·수식의 내용을 설명하게 한다

수식을 적당히 사용하기 전에 구조를 이해하고 싶다

다른 사람이 만든 복잡한 함수나 수식은 어떻게 동작하는 것인지 해독하기는 어렵기 마련입니다. 복잡한 함수 등을 수정하고 싶을 때는 챗GPT에 상세히 설명하게 하면 편리합니다.

BS 엑셀에서 아래의 함수를 포함한 식의 의미를 설명해주세요.
=INDEX((C11:D13,C17:D19),MATCH(B5,{0,50000,100000},1),IF(WEEKDAY(NOW(),2)
〈=5,1,2),INT(B4/1000))*B5

AI 이 식은 아래의 기능을 포함하고 있습니다.
1. INDEX 함수 : INDEX 함수는 범위 내의 특정한 셀을 참조하기 위해 사용됩니다. 이 식에서는 두 개의 범위가 콤마로 나눠진 인수로 제공되어 있습니다. 이것들의 범위는 C11부터 D13까지와 C17부터 D19까지입니다.
2. MATCH 함수 : MATCH 함수는 지정된 값이 목록 안의 어디에 있는지를 조사합니다. 이 식에서 MATCH 함수는 B5 값이 0, 50000, 또는 100000 중 어느 것인가의 값보다 작은지, 같은지, 어떤지를 조사합니다.
3. WEEKDAY 함수 : WEEKDAY 함수는 지정된 날짜의 요일을 돌려줍니다. 이 식에서는 NOW 함수를 사용하여 현재의 날짜를 취득하고 그 날짜의 요일이 평일인지 주말인지에 기초하여 1 또는 2를 돌려줍니다.
4. INT 함수 : INT 함수는 수치의 소수 부분을 버립니다. 이 식에서는 B4 값을 1000으로 나누고 소수 부분을 버린 후 1 또는 2 중 어느 하나를 돌려줍니다.
5. *연산자 : *연산자는 곱셈을 실행합니다. 이 식에서는 INDEX 함수가 돌려주는 값에 B5 값과 곱셈을 하는 것입니다. MATCH 함수와 WEEKDAY 함수에 의해 결정된 특정한 셀을 INDEX 함수가 돌려주고 INT 함수는 그 셀 안의 수치를 적절히 선택하기 위해 사용됩니다. 최종적으로 B5 값과 곱셈을 한 결과를 돌려줍니다.

05 [Excel] 좀 더 편리한 함수를 찾는다

같은 결과를 얻을 수 있는 다른 수식을 제안받는다

엑셀에서 함수를 사용하여 여러 가지 요소를 담아가면 수식이 번잡해지기 십 상입니다. 그러나 나중에 재검토하기도 하고 다른 스태프에게 이어받기도 할 때 를 대비하여 알기 쉽게 해두고 싶은 법입니다. **챗GPT에 물으면 다른 함수를 사 용한 더 나은 수식을 제안해줍니다.**

> **BS** 엑셀로 아래의 함수를 포함하는 식을 구조화한 식으로 만들고 싶은데, 사용하 는 함수를 변경해도 되니 수정해주세요.
>
> =IF(B2)=1.2, "A", IF(B2)=1, "B", IF(B2)=0.9, "C", "D")))

>
>
> 아래는 입력값에 기초하여 같은 결과를 돌려주는, CHOOSE 함수를 사용한 식 의 예입니다.
>
> =CHOOSE(MATCH(B2, {0, 0.9, 1, 1.2}), "D", "C", "B", "A")
>
> 식을 설명하자면 MATCH 함수는 B2 값이 인수로 지정한 배열 중 어느 값에 일 치하는지 조사합니다. 배열 {0, 0.9, 1, 1.2}는 B2 값이 0에서 0.9의 범위에 있는 경우는 1, 0.9에서 1의 범위에 있는 경우는 2, 1에서 1.2의 범위에 있는 경우는 3, 1.2보다 큰 경우는 4가 나옵니다.
> MATCH 함수의 결과는 CHOOSE 함수의 첫 번째 인수에 넘겨줌으로써 값에 따라 적절한 결과를 돌려줄 수 있습니다. 예컨대 MATCH 함수가 1을 돌려준 경 우, CHOOSE 함수는 두 번째 인수("C")를 돌려줍니다. 마찬가지로 MATCH 함 수가 3을 돌려준 경우, CHOOSE 함수는 세 번째 인수("C")를 돌려줍니다.
> 이 식은 입력값에 따라 다른 결과를 돌려줄 필요가 있는 경우에 유용합니다.

06

[Excel] 에러의 의미와 대처법을 배운다

생각할 수 있는 에러의 원인과 개선안을 제시하게 한다

엑셀에서 셀에 에러 마크가 표시되었을 때 어떻게 하면 되는지 모르겠다면 **챗GPT에 에러의 의미와 대처법을 물어보면 됩니다.** 문제의 원인과 대책의 순서를 정리하여 제시해줍니다.

BS 엑셀에서 조작 후에 에러가 표시되었습니다. 셀 C1의 수식은 'A1*#REF!B1'입니다. 이유와 대처법을 가르쳐주세요.

AI 에러 메시지 "#REF"는 참조가 무효가 되었다는 것을 나타냅니다. 셀 C1의 수식 "A1*#REF!B1"에서는 B1의 참조가 무효가 되었습니다. 이는 아마 시트 위의 다른 셀을 삭제했거나 이동했기 때문일 것입니다.

이 에러를 수정하기 위해서는 다음 순서로 실행해주세요.

1. 에러가 표시된 셀을 선택합니다.
2. '수식'바에 있는 수식을 편집하기 위한 입력란으로 이동합니다.
3. #REF! 대신에 유효한 셀 참조를 입력해주세요. 예컨대 C1의 식을 "=A1*B1"으로 변경할 수 있습니다.
4. 새로운 수식을 입력했다면 Enter 키를 눌러 변경을 확정합니다.

이것으로 참조 에러가 수정될 것입니다. 다만 이 에러가 발생한 경우 시트의 셀 삭제나 이동이 있었던 것이 원인일 가능성이 있습니다. 그 때문에 시트의 구조를 확인하여 셀이 삭제 또는 이동되지 않았는지 확인하는 것을 추천합니다.

07 [Excel] 긴 함수·수식을 읽기 쉽게 고친다

긴 수식에는 줄 바꿈과 들여쓰기를 하게 하자

함수를 복수로 품고 있고 중첩 구조가 복잡한 수식은 해독하기가 굉장히 어렵습니다. **줄 바꿈과 들여쓰기를 하면 상당히 알기 쉬워지지만** 수식을 수정하기가 귀찮습니다. 그런 귀찮은 작업은 챗GPT에 맡기면 됩니다.

BS 아래의 함수를 포함하는 수식을 도중에 줄 바꿈과 들여쓰기를 해서 그 중첩 구조가 읽기 쉬워지도록 수정해주세요.

```
=IF(OR(WEEKDAY(A7)=1,WEEKDAY(A7)=7,COUNTIF9$G$2:$G$6,A7)=1),"",NET
WORKDAYS($A$7,A7,$G$2:$G$6))
```

AI 아래는 수정한 수식입니다. 줄 바꿈과 들여쓰기를 추가하여 중첩 구조가 읽기 쉬워지도록 조정했습니다.

```
=IF(
  OR(
    WEEKDAY(A7)=1,
    WEEKDAY(A7)=7,
    COUNTIF($G$2:$G$6, A7)=1
  ),
  "",
  NETWORKDAYS($A$7, A7, $G$2:$G$6)
)
```

수정한 후의 이 수식에서는 조건식이 OR 함수로 에워싸여 있고 조건의 비교 연산자가 다음 줄로 들여쓰기가 되어 있습니다. 또한 함수 IF의 인수 구분도 새로운 줄로 바뀌어 있어 읽기 쉬워졌습니다.

08 [Excel] 조건부 서식의 설정 방법을 배운다

특정한 장면의 세세한 설정과 조작 순서를 묻는다

엑셀에서 표를 만들어서 '이런 것을 하고 싶은데 어떻게 하면 좋을까?'라고 생각한다면, 현재의 상황과 함께 하고 싶은 것을 챗GPT에 물어봅니다. 상세한 순서를 알기 쉽게 설명해줄 것입니다.

✓ 기초가 되는 엑셀의 표 데이터

	A	B	C	D
1	성함	지역	회사명	
2	김하율	서울	네오픽스	
3	이서진	경기	블루씨드	
4	박민희	수원	퀀텀테크	
5	조유안	전남	원그린	
6	최하린	수원	스페이스엔드	
7	정지호	충남	메타플로우	
8	윤서아	경남	퓨어브리즈	
9	임태윤	수원	에코라이트	
10	황예림	수원	핏테크스	
11	강주하	제주	디지털워브	

A 열에 이름, B 열에 지역명, C 열에 회사명이 입력되어 있다. 여기서는 지역에 기초하여 해당하는 행의 배경을 빈틈없이 칠한다.

엑셀의 표에서 어떤 행 B 열의 값이 수원인 경우, 그 행의 A 열에서 C 열까지의 셀을 핑크색으로 하기 위한 조건부 서식의 설정 방법을 가르쳐주세요.

아래는 엑셀인 행 B 열의 값이 '수원'인 경우, 그 행 A 열에서 C 열까지의 셀을 핑크색으로 설정하기 위한 조건부 서식의 설정 방법입니다.

1. A 열에서 C 열까지의 셀을 선택합니다.
2. '홈' 탭을 클릭하여 '조건부 서식'을 선택합니다.
3. '새 규칙'을 선택합니다.

4. '새 규칙' 박스에서 '수식을 사용하여 서식을 지정할 셀 결정'을 선택합니다.
5. '식'에 이하의 식을 입력합니다.

=$B1="수원"

이 식은 B 열의 값이 '수원'인지 어떤지를 판정합니다.

주의 : 식 중의 1은 조건식 적용 범위의 첫째 행 번호를 나타냅니다. 예컨대 첫째 행부터 조건식을 적용하는 경우는 1을 지정하고, 둘째 행부터 적용할 경우는 2를 지정합니다.

6. '서식' 버튼을 클릭하고 '채우기' 탭을 선택합니다.
7. '핑크'를 클릭하여 '확인'을 클릭합니다.
8. '확인'을 클릭하여 조건부 서식을 적용합니다.

이것으로 어떤 행 B 열 값이 '수원'인 경우 그 행의 A 열부터 C 열까지의 셀이 핑크색이 됩니다.

챗GPT의 응답에 기초하여 실제로 작업을 해봅니다. 표시되는 용어가 미묘하게 다른 부분도 있습니다. 하지만 순서를 헷갈릴 정도는 아닙니다.

1 새 조건부 서식의 작성을 시작한다

조건부 서식을 적용하고 싶은 범위의 셀을 선택하고 '홈' 탭의 '스타일' 그룹에서 '조건부 서식'을 클릭한다. 메뉴가 표시되면 '새 규칙'을 골라 클릭한다.

2 새 서식 규칙의 종류를 골라 서식을 입력한다

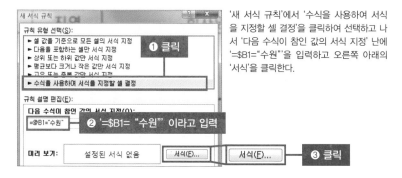

'새 서식 규칙'에서 '수식을 사용하여 서식을 지정할 셀 결정'을 클릭하여 선택하고 나서 '다음 수식이 참인 값의 서식 지정' 난에 '=$B1="수원"'을 입력하고 오른쪽 아래의 '서식'을 클릭한다.

3 셀의 배경을 칠할 색을 선택한다

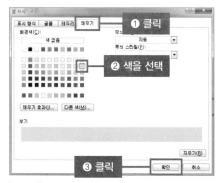

'셀 서식'에서 '채우기' 탭을 클릭하고 '배경색'에서 색(여기서는 핑크색)을 고르고 나서 '확인'을 클릭한다.

4 새 서식 규칙의 작성을 완료한다

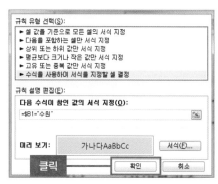

'새 서식 규칙'으로 돌아와 오른쪽 아래의 '확인'을 클릭한다.

5 의도대로 서식 규칙이 기능하고 있는지 확인한다

원래의 표로 돌아와 B 열이 '수원'이라고 되어 있는 행이 선택한 색으로 칠해져 있는 것을 확인해두자.

	A	B	C	D
1	성함	지역	회사명	
2	김하율	서울	네오픽스	
3	이서진	경기	블루씨드	
4	박민희	수원	퀀텀테크	
5	조유안	전남	원그린	
6	최하린	수원	스페이스엔드	
7	정지호	충남	메타플로우	
8	윤서아	경남	퓨어브리즈	
9	임태윤	수원	에코라이트	
10	황예림	수원	핏테크스	
11	강주하	제주	디지털워브	
12				

09 [Excel] 어떤 차트를 사용하면 좋을지 제안하게 한다

표의 내용에 적합한 차트의 종류와 설명을 제시

엑셀에서 작성한 표 데이터를 차트로 만들고 싶은 경우, 어떤 차트를 선택하는 것이 효과적인지 알기 힘든 경우가 있을지도 모릅니다. 그럴 때는 **표 데이터를 복사와 붙여넣기를 해서 챗GPT에 물어보는 것이 지름길입니다.**

기초가 되는 엑셀의 표 데이터

	A	B	C	D	E	F	G	H
1	지점명	4월	5월	6월	7월	8월	9월	
2	강원지점	2,397	2,437	2,598	2,766	2,971	3,114	
3	경남지점	2,976	2,844	2,746	2,893	2,936	2,094	
4	서울지점	4,370	4,736	4,802	4,702	4,973	4,957	
5	전남지점	3,675	3,479	3,577	3,792	3,972	3,018	
6	경기지점	3,965	3,856	3,701	3,045	4,102	4,295	
7	충북지점	3,124	3,360	3,100	2,005	3,378	3,678	

이 표는 지점별 월간 매출액의 반년 치 데이터. 여기서는 그 추이를 읽어내기 쉬운 형식의 그래프를 작성하고 싶다.

BS 엑셀에서 작성한 아래의 지점별 월간 매출액을 그래프로 만드는 경우, 어떤 차트로 만들어야 좋을지를 제안해주세요. 최적의 세 종류 그래프를, 특징 등을 정리한 표로 만들어주세요.

지점명	4월	5월	6월	7월	8월	9월
강원 지점	2,397	2,437	2,598	2,766	2,971	3,114
경남 지점	2,976	2,844	2,746	2,893	2,936	2,094
서울 지점	4,370	4,736	4,802	4,702	4,973	4,957
전남 지점	3,675	3,479	3,577	3,792	3,972	3,018
경기 지점	3,965	3,856	3,701	3,045	4,102	4,295
충북 지점	3,124	3,360	3,100	2,005	3,378	3,678

 이 데이터에 기초하여 매출 추이를 보여주기 위해 아래의 세 차트가 최적입니다.

1. 막대 그래프

막대 그래프는 비교적 소수의 카테고리에 사용할 수 있습니다. 이 경우 각 지점이 각각 월 매출액을 가지고 있기 때문에 막대 그래프가 최적입니다. 이 그래프는 가로축에 월을 배치하고 각 지점의 매출액을 세로축에 표시합니다. 각각의 달에 막대를 그릴 수가 있어 각 지점의 매출액을 비교할 수 있습니다.

2. 선 그래프

선 그래프는 연속적인 데이터를 표시하기에 최적인 그래프입니다. 이 경우 각 달의 매출액을 갖고 있기 때문에 선 그래프가 최적입니다. 이 그래프는 가로축에 달을 배치하고 각 지점의 매출액을 세로축에 표시합니다. 각 지점에 대해 각 달의 매출액을 표시하고 각 지점의 매출액 추이를 표시할 수 있습니다.

3. 누적 막대 그래프

누적 막대 그래프는 카테고리의 합계를 표시하기 위한 최적의 차트입니다. 이 경우 각 달의 총 매출액을 갖고 있기 때문에 누적 막대 그래프가 최적입니다. 이 그래프는 가로축에 달을 배치하고 세로축에 매출액을 표시합니다. 각 지점에 대해 각 달의 매출액을 표시하고 각 달의 매출액 합계를 보여줍니다. 각 지점의 공헌을 비교할 수 있습니다.

챗GPT의 응답을 참고해서 실제로 엑셀에서 그래프를 만들어봅니다. 엑셀에서는 미리보기를 써서 검토할 수 있기 때문에 챗GPT의 응답과 조합하면 이미지를 잡기 쉬워집니다. 또한 그래프 타입은 나중에 변경할 수도 있기 때문에 시행착오를 겪어도 문제없습니다.

1 새 조건부 서식의 작성을 시작

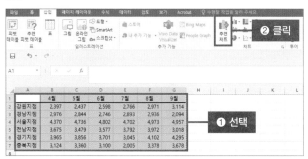

차트를 작성하고 싶은 범위의 셀을 선택하고 '삽입' 탭의 '차트' 그룹에서 '추천 차트'를 클릭한다.

② 세로 막대형 차트의 미리보기를 확인한다

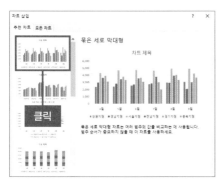

'차트 삽입'의 왼쪽에서 '묶은 세로 막대형'을 클릭한다. 실제 데이터에 기초한 차트의 미리보기가 표시되기 때문에 확인해보자.

③ 꺾은선형 차트의 미리보기를 확인한다

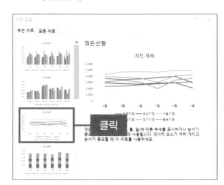

'차트 삽입' 왼쪽에서 '꺾은선형'을 클릭한다. 지점별 변화는 이 차트가 알기 쉽다.

④ 누적 세로 막대형 차트의 미리보기를 확인한다

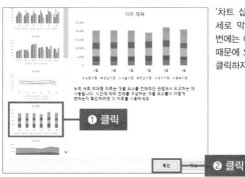

'차트 삽입'의 왼쪽에서 '누적 세로 막대형'을 클릭한다. 이번에는 이 차트가 좋아 보이기 때문에 오른쪽 아래의 '확인'을 클릭하자.

⑤ 작성된 차트를 확인하고 완성한다

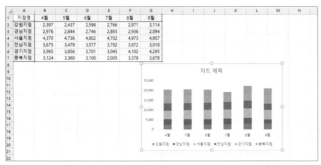

	A	B	C	D	E	F	G	H	I	J	K	L	M	N
1	지점명	4월	5월	6월	7월	8월	9월							
2	강원지점	2,397	2,437	2,598	2,766	2,971	3,114							
3	강남지점	2,976	2,844	2,746	2,893	2,936	2,094							
4	서울지점	4,370	4,736	4,802	4,702	4,973	4,957							
5	전남지점	3,675	3,479	3,577	3,792	3,972	3,018							
6	경기지점	3,965	3,856	3,701	3,045	4,102	4,295							
7	충북지점	3,124	3,360	3,100	2,005	3,378	3,678							

선택한 형식의 차트가 작성되기 때문에 제목을 붙이거나 필요에 따라 세세한 설정 등을 변경한다. 위치나 크기를 조정하면 완성이다.

10 [Excel] 사용자 지정의 서식을 작성한다

오리지널 표시 형식의 기술 방법을 배운다

엑셀에서 셀 값에 따른 서식을 자동으로 설정하고 싶은 경우, '셀 서식'의 '표시 형식'을 이용합니다. 미리 다채로운 표시 형식이 준비되어 있는데 기존의 것으로 만족할 수 없는 경우는 '사용자 지정'으로 서식을 직접 작성해봅시다. 다만 **지정 에서 서식을 설정하는 것은 쉽지만은 않기에 챗GPT에 질문하여 최적의 서식을 제안하게 하는 편이 좋습니다.**

기초가 되는 엑셀의 표 데이터

	A	B	C	D	E
1	지점명	매출목표	실적	차이	
2	종로점	900	876	-24	
3	강남점	700	795	95	
4	마포점	800	800	0	
5	신림점	600	674	74	
6					

이 표는 지점별 매출목표와 실적을 비교하기 위해 차이를 계산하여 표시한 것이다. 수치를 보면 성적을 알 수 있지만 한눈에 파악할 수 있도록 마이너스는 붉은 글자로, 플러스 마이너스 제로라면 표시를 안 하고 플러스라면 검은색 글자로 자동으로 표시하는 서식을 작성하여 적용하고 싶다.

BS

아래와 같은 엑셀의 사용자 지정 서식을 만들어주세요.

수치가 마이너스라면 글자색은 빨간색으로 표시한다.
제로라면 글자를 표시하지 않는다.
플러스라면 검정색 글자로 표시한다.

아래의 순서로 엑셀의 사용자 지정 서식을 작성할 수 있습니다.

1. 시트 위의 셀을 우클릭하고 '셀 서식'을 선택합니다.

2. '숫자' 탭을 선택하고 카테고리에서 '사용자 지정'을 선택합니다.

3. '형식' 필드에 아래의 서식 코드를 입력합니다.

[빨강][〈0]0;[검정][〉0]0;;

4. '확인'을 클릭하여 서식을 적용합니다.

위의 설정을 완료하면 선택한 셀 또는 범위에 대해 지정한 조건에 따라 셀의 표시 방식이 변경됩니다.

챗GPT의 응답을 보며 실제로 엑셀에서 사용자 지정의 서식 설정을 작성합니다. 일부 용어가 화면에 표시된 것과 다른 부분이 보이기도 합니다만, 감안하여 진행하면 됩니다. 한편 서식은 챗GPT의 응답에서 복사하기와 붙여넣기를 이용하면 입력하는 수고를 덜 수 있습니다.

1 데이터의 범위를 선택하여 셀의 서식 설정을 연다

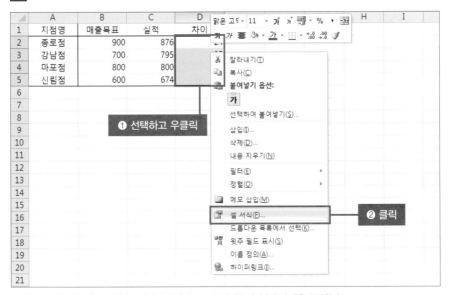

서식을 적용한 셀을 범위 선택하고 나서 우클릭하고, 표시된 메뉴에서 '셀 서식'을 클릭한다.

2 사용자 지정의 표시 형식을 설정한다

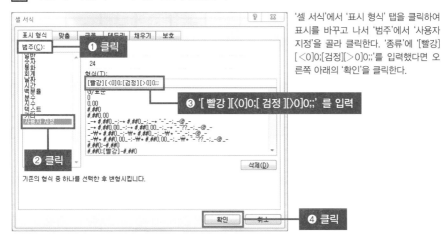

'셀 서식'에서 '표시 형식' 탭을 클릭하여 표시를 바꾸고 나서 '범주'에서 '사용자 지정'을 골라 클릭한다. '종류'에 '[빨강][<0]0;[검정][>0]0;;'를 입력했다면 오른쪽 아래의 '확인'을 클릭한다.

3 적용한 표시 형식의 효과를 확인한다

	A	B	C	D	E
1	지점명	매출목표	실적	차이	
2	종로점	900	876	24	
3	강남점	700	795	95	
4	마포점	800	800		
5	신림점	600	674	74	
6					
7					
8					
9					
10					

원래 표로 돌아가 작성한 사용자 지정의 표시 형식이 적용되어 의도한 효과를 발휘한 것을 확인하자.

ONE MORE

그 밖에 챗GPT가 엑셀에서 도움이 되는 경우

엑셀을 사용할 때 챗GPT가 도움이 되는 경우는 그 밖에도 있습니다. 예컨대 엑셀 VBA를 이용한 매크로의 코드 작성이나 수정을 하고 싶은 경우, 챗GPT의 조언이 도움이 됩니다. 목적에 따른 코드의 예를 제시하거나 작성한 코드가 의도대로 조작되지 않는 경우의 개선책 등 가벼운 마음으로 여러 가지를 질문해보면 좋을 것입니다.

11 [YouTube] 동영상에 챕터를 붙인다

◀◉ 'YoutubeDigest'에서 항목별 기재 방식을 설정

유튜브에서 장편 동영상을 시청하는 경우, 챕터 없이는 내용의 요점을 파악하기 힘들어 효율적인 시청을 할 수 없습니다. 그럴 때 사용하면 편리한 것이 크롬용 확장 프로그램 'YoutubeDigest'입니다. **챗GPT와 제휴하여 챕터를 자동으로 설정하고 각 챕터의 내용을 항목별 기재 방식으로 표시해줍니다.**

1 설치 후의 초기 설정

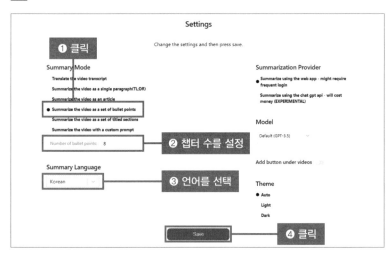

'YoutubeDigest'를 설치하면 초기 설정 화면이 표시된다. 'Summarize the video as a set of bullet points'를 클릭하고 아래의 'Number of bullet points'로 챕터 수를 설정한다. 'Summary Language'는 'Korean'을 선택하고 'Save'를 클릭한다.

YoutubeDigest

개발자 : youtubedigest.app
URL : https://chrome.google.com/webstore/detail/youtubedigest-summarize-u/agjkjablkiapm pbeglmdcmhnihlofija

2　동영상에 챕터를 추가

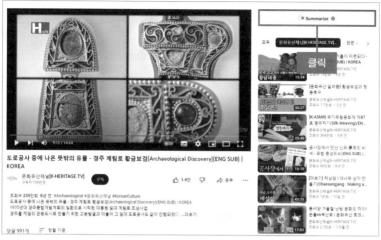

챗GPT에 로그인해 있는 상태에서 유튜브에 접속한다. 시청하는 동영상의 재생 페이지를 열고
'Summarize'를 클릭한다.

2　챕터와 항목별 기재가 표시

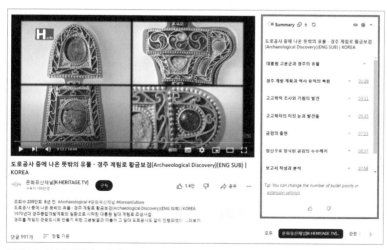

동영상의 해석이 시작되고 화면 오른쪽에 자동으로 챕터와 내용의 항목별 기재가 표시된다. 재생 지점
시간을 클릭하면 그 지점부터 재생할 수 있다.

ONE MORE

항목별 기재는 텍스트 파일로 저장 가능

각 챕터의 항목별 기재는 텍스트 파일로 저장할 수 있습니다. 또한 Word 형식, PDF 형식으로도 저장할 수 있습니다.

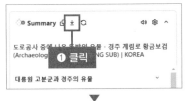

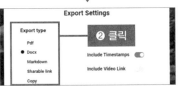

동영상 요약을 파일로 저장하고 싶을 때는 화면 오른쪽의 챕터 목록 위에 있는 '↓' 아이콘을 클릭한다. 파일 형식이 표시되면 원하는 형식을 고른다.

항목마다 '##'가 붙은 형식으로 기재가 되어 있다. 동영상의 내용을 손쉽게 정리하고 싶은 경우 등에 활용하면 좋을 것이다.

12 [YouTube] 동영상의 내용을 요약한다

🔧 브라우저의 확장 기능 'Glasp'으로 문자화한 것을 복사

유튜브 동영상 내용을 글로 남기고 싶은 경우, 동영상을 보며 메모를 하는 것은 번거롭습니다. 크롬용 확장 프로그램 'Glasp'을 설치하면 **간단히 전문을 문자화할 수 있습니다. 이를 챗GPT에 요약하게 하면 시간을 더욱 단축할 수 있습니다.**

Glasp을 설치하면 동영상 중의 대사 음성을 문자화한 것이 표시되어 복사할 수 있습니다. 그것을 요약하도록 챗GPT에 지시한 후, 붙여넣으면 요약할 수 있습니다. 다만 글이 너무 길면 챗GPT가 제대로 읽어내지 못하기 때문에 그 경우에는 분할해서 작업합니다. 한편 'View AI Summary' 기능을 이용하면 자동으로 챗GPT에 문자화한 것을 보내주겠지만, 현시점에서는 응답의 요약이 영어로 되기 때문에 다시 한국어로 번역하게 하는 품이 듭니다.

1 동영상에 챕터를 추가한다

Glasp을 설치하고 챗GPT에 로그인한 상태에서 유튜브에 접속한다. 오른쪽에 Glasp의 로고 마크와 'Transcript & Summary'라는 가로로 긴 부분이 표시되니 이를 클릭한다.

Glasp: Social Web Highlight & YouTube Summary

개발자 : Glasp Inc.

URL : https://chrome.google.com/webstore/detail/glasp-social-web-highlight/blillmbchncajnhkjfdni ncfndboieik

2 문자화한 텍스트를 복사한다

문자화한 내용이 표시되면 오른쪽 위에 있는 'Copy Transcript'를 클릭하고 내용을 복사해둔다.

유튜브 동영상에서 문자화한 텍스트를 복사할 수 있다면, 챗GPT에 요약하라는 지시를 내리고 그 아래에 내용을 붙여넣습니다. 그렇게 붙여넣으면 글의 내용에 다소 어색한 데가 있어도 어느 정도는 챗GPT가 고쳐서 요약해주기 때문에 안심할 수 있습니다(텍스트가 너무 긴 경우는 173페이지를 참조할 것).

BS

아래의 글을 요약해주세요.

우리 회사의 이념 - 유튜브
https://www.youtube.com/watch?v=02xlcgEGdpM
Transcript:
(00:02) 세계의 가치관이 크게 변화하는 가운데 점점 환경에 배려하고 지속 가능성을 추구한 노력이 필요해지고 있습니다 톱 메이커의 책임으로서 전통을 중시하며 회사가 요구하는 가치를 창조하고 스스로를 발전시켜 새로운 시대의 생활을 제안하고 있습니다 우리는 기업의 사회적 책임을 자각하고 사업 활동의 전환에 즈음해서는 다음의 6원칙에 기초한 국내외를 불문하고 인권을 존중하고 모든 법률과 국제 룰을 준수하고 또 그 정신을 존중함과 동시에 사회적 양식을 가지고 지속적인 발전을 향해 자주적으로 행동합니다 건전한 수익 확보에 고객에게 기쁨과 안심을 제공합니다
(01:07) 투명한 사업 활동의 추진 적극적인 기업 정보의 공개 지구 환경의 보전과 인간의 존중 예상 기업 시민으로서의 행동 이상입니다 들어주셔서 감사합니다

이 동영상에서는 환경에 배려하고 지속 가능성을 추구하는 노력이 필요하다고 말하고 있습니다. 또한 톱 메이커의 책임으로서 전통을 소중히 하며 사회가 추구하는 가치를 창조하고 자기 발전을 하며 새로운 시대의 생활을 제안하는 것

이 소개되고 있습니다. 그리고 여섯 가지 원칙에 기초하여 기업의 사회적 책임을 자각하고 건전한 수익 확보, 투명한 사업 활동의 추진, 적극적인 기업 정보의 공개, 지구 환경의 보전과 인간의 존중, 예상 기업 시민으로서의 행동을 하는 것이 소개되고 있습니다.

접속과 동시에 동영상의 개요를 알 수 있는 'Glarity'

Glasp보다 더 간단히 동영상의 개요를 알 수 있는 것이 'Glarity'입니다. 크롬에서 이용할 수 있는 확장 기능으로, 동영상 재생 페이지에 접속하기만 하면 재생 화면 옆에 동영상의 개요가 표시됩니다.

⊘ 재생 화면 오른쪽에 요약이 표시된다

유튜브의 개별 동영상 페이지에 접속하면 요약이 자동으로 표시된다. 나만 음성이 늘어 있지 않은 동영상이나 알아들을 수 없는 동영상은 올바로 표시되지 않는 경우가 있다. 또한 챗GPT의 접속자가 많은 경우에는 동작이 불안정해질 수도 있다.

Glarity—Summary for
Google/YouTube(ChatGPT)
개발자 : glarity.app
URL : https://chrome.google.com/webstore/detail/glarity-summary-for-google/cmnlolelipjlhfkhpohphpedmkfbobjc

Glarity는 유튜브만이 아니라 다른 사이트에서도 이용할 수 있습니다. 예컨대 **구글 검색으로 어떤 키워드 검색을 했을 때 그 키워드에 관한 정보를 정리해서 표시합니다.**

챗GPT를 이용하고 있지만 정보는 검색 결과에서 취득하고 있는 듯하며, 2021년 이후의 정보도 다루고 있습니다.

⊘ 구글 검색으로 키워드를 설명한다

구글 검색으로 키워드에 대한 정보를 정리해준다. 검색 결과를 이용하기 때문에 2023년의 정보도 표시할 수 있다. 드물게 오래된 정보도 정리되는 경우가 있다. 그럴 때는 새로고침 아이콘을 클릭하면 검색 결과가 바뀌어 다시 정리할 수도 있다.

Bing챗의 검색 방법을 알아두자

01 Bing챗 검색으로 최신 정보를 얻는다

Bing챗 검색이란 무엇인가

이 책에서는 챗GPT의 초보적인 사용법을 설명하고 있습니다. 하지만 이 장에서는 Bing챗 검색을 다루겠습니다. Bing은 마이크로소프트의 검색 엔진이지만 점유율은 구글에 한참 미치지 못하는 상황입니다. 다만 Bing에 챗 검색 기능이 탑재되어 점유율이 높아지고 있다고 합니다.

Bing의 챗 검색 기능은 챗GPT가 이용하고 있는 대규모 언어 모델을 발전시킨 것을 사용하고 있습니다. 그래서 기능적으로 챗GPT와 비슷한 점도 있지만 Bing 챗 검색은 검색에 적합한 형태로 수정되어 있기에 적절하게 가려서 쓰면 더 효율적입니다.

지금까지의 검색과는 어떻게 다른가

지금까지의 검색에서는 ① 검색하고, ② 검색 결과인 링크를 스스로 클릭하여 내용을 확인하고, ③ 링크된 것의 내용을 스스로 검토하는 순서를 밟을 수밖에 없습니다.

이에 비해 **Bing의 챗 검색에서는 ① 검색하면 링크된 것의 내용을 정리한 글이 표시됩니다.** 필요에 따라 ② 링크의 내용을 스스로 확인할 수도 있으나 필수는 아닙니다. 다시 말해 **검색이라는 작업에서 상당히 '시간을 단축'할 수 있는 것입니다.**

ⓒ 기초가 되는 정보가 새롭다

챗GPT의 큰 결점인 '정보가 낡았다'는 문제를 Bing챗 검색은 해결했습니다. 챗GPT가 이용하고 있는 대규모 언어 모델이 2021년까지의 정보밖에 포함하고 있지 않기 때문에 현재의 정보를 물어도 올바른 응답이 나오지 않습니다.

한편 Bing챗 검색은 프롬프트의 내용을 검색하여 응답하기 때문에 응답에 최신 정보가 포함되는 이점이 있습니다.

ⓒ Bing챗 검색의 약점에 주의

Bing챗 검색에는 챗GPT보다 뛰어난 점이 있습니다. 하지만 만능이라고는 할 수 없습니다. 약점을 들자면 **우선 챗GPT가 자신 있어 하는 문서 작성에 Bing챗 검색은 서툽니다.** 문서의 양식을 작성하는 것은 Bing챗 검색보다 챗GPT가 훨씬 잘합니다.

그리고 이용 횟수에도 제한이 있습니다. 이 책을 집필하는 시점에서는 한 회의 대화는 30번 주고받는 것까지, 하루의 대화는 300번 주고받는 것까지 제한되어 있습니다. 프롬프트를 세세하게 조정하며 바라는 응답을 얻는 데는 적합하지 않다고 할 수 있을 것입니다.

더욱이 **Bing챗 검색은 프로그램 코드도 잘 쓰지 못합니다.** 정보는 가르쳐주지만 코드는 출력해주지 않습니다. 코드를 그대로 이용하고 싶을 때는 챗GPT를 써야 합니다.

ⓒ 결국 어떻게 쓰면 좋을까

"빨리 새로운 정보를 알고 싶다" "응답만이 아니라 소스가 되는 정보를 접하고 싶다"는 경우 Bing챗 검색이 뛰어납니다. 이 두 가지가 목적이라면 Bing챗 검색을 사용해야 할 것입니다.

이에 비해 "문서를 작성해주었으면 좋겠다" "프로그램 코드를 써주었으면 좋

겠다" "브레인스토밍의 상대가 되어주었으면 좋겠다"는 목적으로는 챗GPT가 더
적합합니다.

ONE MORE
최신 정보에 관한 응답이 왜 틀릴까?

Bing챗 검색에 최신 정보를 물으면 잘못된 응답이 나오는 일이 있습니다. 응답에 포함
되는 링크를 보면 알겠지만, 검색 대상 웹 페이지에 잘못된 정보가 쓰여 있는 것이 원
인입니다. Bing은 검색해서 나온 웹 페이지의 내용을 이용해 응답을 작성하기 때문에
응답의 근거가 되는 정보가 틀리면 당연히 응답도 틀리게 되는 것입니다.

Bing에 로그인하면 바로 쓸 수 있다

Bing의 챗 검색을 사용하기 위해서는 **마이크로소프트가 제공하는 '에지(Edge)'와 마이크로소프트 계정이 필요합니다.** 윈도우 10/11에는 에지가 표준으로 설치되어 있습니다만, 그 밖의 운영체제에서는 다운로드 페이지(https://www.microsoft.com/ko-kr/edge/download)에 접속해서 별도로 설치합니다.

1 Bing에 로그인한다

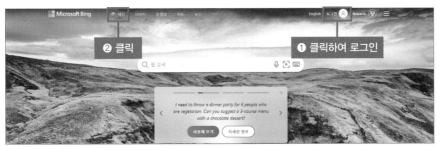

에지에서 Bing의 페이지(https://www.bing.com/)를 열고 계정 아이콘을 클릭하여 마이크로소프트 계정으로 로그인한다. 로그인하면 '채팅'을 클릭한다.

2 질문을 입력한다

Bing의 챗 화면이 표시되니 박스에 질문을 입력하고 종이비행기 아이콘을 클릭한다.

3 응답이 표시된다

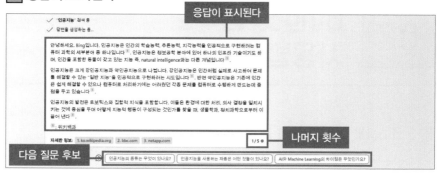

Bing에서의 응답과 하나의 화제로 대화할 수 있는 나머지 횟수가 표시된다. 이어서 질문하기 위해서는 질문 내용을 입력하거나 다음 질문 후보를 클릭한다.

4 소스를 확인한다

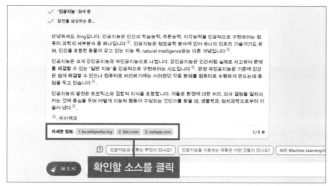

응답 아래에는 응답하는 데 참조한 사이트로 가는 링크가 표시된다. 링크를 클릭하면 그 사이트에 접속할 수 있다.

5 새로운 토픽을 작성한다

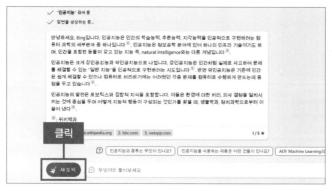

대화의 나머지 횟수가 없어졌을 경우나 다른 화제로 챗하고 싶을 때는 '새 토픽'을 클릭한다. 이것으로 새로운 챗을 시작할 수 있다.

✦ 'Edge Copilot'으로 Bing 챗 검색을 이용한다

Bing에는 '에지 코파일럿(Edge Copilot)'이라는 기능이 갖춰져 있습니다. 이를 사용하면 Bing 페이지에 접속하지 않아도 금세 Bing챗 검색을 이용할 수 있습니다. 통상의 챗 검색을 이용할 수 있을 뿐 아니라 지정한 스타일로 문장을 작성할 수 있는 기능도 있습니다. 이를 이용하면 문장의 톤과 형식을 지정하기만 하면 인사 말이나 블로그 글 등을 금방 작성할 수 있게 됩니다.

1 코파일럿으로 챗을 시작한다

에지의 오른쪽 위에 있는 'b' 아이콘을 클릭한다. 사이드 바에 Bing의 챗 화면이 표시되고, 같은 방법으로 챗을 시작할 수 있다.

2 소스를 확인한다

'작성'을 클릭하면 지정한 내용에 따른 문장을 작성할 수 있다. 질문을 입력하고 '톤' '형식' '길이'를 각각 지정하여 '초안 생성'을 클릭한다. 지정한 내용에 따른 문장이 '미리 보기'에 표시된다.

3 작성한 문장을 사이트에 추가

'사이트에 추가'를 클릭하면 현재 표시되고 있는 사이트에 작성한 문장을 추가할 수 있다. 온라인으로 편집하고 있는 서류 등에 추가하면 편리하다.

03 스마트폰으로 Bing챗 검색을 이용하려면

⚙ 'Bing' 애플리케이션을 설치한다

스마트폰은 화면이 작기에 브라우저를 이용한 Bing 챗 검색은 쓰기 불편합니다. 마이크로소프트는 스마트폰용 Bing 애플리케이션을 제공하고 있기에 그것을 쓰면 쾌적하게 이용할 수 있습니다. 이 애플리케이션은 음성 입력으로 챗을 할 수 있는 등 스마트폰만이 할 수 있는 기능을 갖추고 있습니다.

Bing – AI & GPT와 챗
작자 : Microsoft Coporation
가격 : 무료

---

1 Bing챗 검색을 연다

여기서는 iPhone의 Bing 애플리케이션에서 이용 순서에 따라 해설한다. Bing 애플리케이션을 열고 화면의 아래 중앙에 있는 'b' 아이콘을 터치한다.

2 마이크를 켠다

Bing의 챗 화면이 표시되면 마이크 아이콘을 터치한다. 마이크 접근을 확인하는 메시지가 표시된 경우는 허가한다.

---

3 질문을 한다

음성 듣기가 시작되기 때문에 질문하고 싶은 내용을 말한다.

4 응답이 낭독된다

말이 끝나면 응답이 표시되고 동시에 낭독된다. 이어서 질문할 때는 마이크 아이콘을 터치하여 마찬가지로 질문한다.

이어서 질문할 때 터치

응답이 낭독된다

텍스트로 챗한다

음성으로 하는 챗은 편리하지만, 경우에 따라서는 사용하기 힘든 점이 있습니다. 그 경우는 텍스트 챗으로 바꾸면 됩니다. 텍스트 챗에서의 조작법은 브라우저판 Bing챗 검색과 거의 같습니다. 챗 도중이라도 음성 챗으로 바꿀 수 있으니 필요에 따라 사용하는 모드를 선택하는 것을 추천합니다.

1 텍스트 챗으로 전환한다

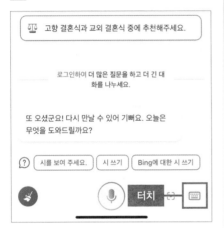

Bing의 챗 화면 오른쪽 아래에 있는 키보드 아이콘을 터치한다.

3 프롬프트를 입력한다

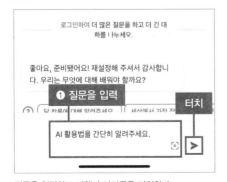

질문을 입력하고 비행기 아이콘을 터치한다.

2 박스를 터치한다

텍스트 챗으로 바뀌기 때문에 텍스트를 입력하는 박스를 터치한다.

4 응답이 표시된다

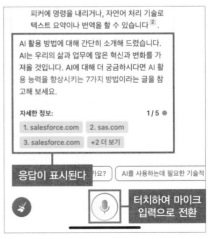

응답이 표시된다. 이어서 질문할 때는 텍스트를 입력한다. 음성 챗으로 바꾸고 싶을 때는 마이크 아이콘을 터치한다.

최신 스포츠 시합 결과를 알려달라고 한다

궁금한 시합 결과를 체크한다

Bing챗 검색은 최신 정보에 대응하는 것이 큰 이점입니다. 야구나 축구 등 궁금한 시합 결과를 물으면 곧바로 표시해줍니다. 관련 링크도 표시되기 때문에 상세한 사항을 확인하고 싶을 때도 원활하게 표시할 수 있습니다. 또한 스포츠의 종류에 따라서는 Bing.com 뉴스에서 골라낸 관련 뉴스도 한눈에 볼 수 있게 표시해줍니다.

> **BS** 어제 프로야구 시합 결과를 목록으로 알려주세요.
>
> **AI** 어제 프로야구 시합 결과는 아래와 같습니다.
>
> - 18:30 SSG vs. LG   4:5
> - 18:30 KT vs. NC   4:5
> - 18:30 키움 vs. 롯데   7:8
> - 18:30 삼성 vs. 두산   2:3

국내 프로야구라면 며칠 전이나 일주일 전의 결과도 올바르게 표시할 수 있습니다. 다만 '금주의 시합 결과'처럼 물어볼 때 링크한 곳에 바로 그 정보가 없으면 잘못된 정보를 대답하는 것 같습니다.

05 특정한 페이지의 내용을 요약한다

URL이 아니라 페이지 타이틀을 이용한다

Bing챗 검색은 챗GPT와 달리 검색 결과를 응답에 반영할 수 있습니다. 다만 URL을 지정하여 검색하는 기능은 없습니다. URL을 주면 URL을 해체하여 키워드로 검색하고 맙니다.

그 때문에 **특정 페이지 내용을 요약하기 위해서는 그 페이지를 키워드 검색으로 찾아줄 필요가 있습니다.** 다시 말해 Bing의 검색 상위에 없는 페이지는 직접 Bing챗 검색으로 요약할 수 없습니다. 여기서 소개하는 방법으로 요약할 수 있는지를 확인하기 위해서는 Bing의 키워드 검색으로 검색하여 상위에 표시되는지를 먼저 확인하는 것이 더 좋습니다.

여기서는 "AI를 탑재한 새로운 마이크로소프트 Bing과 Edge의 검색 혁명"이라는 문구를 포함한 기사를 요약하도록 지시했습니다만, 사전에 키워드 검색으로 이 문구가 타이틀에 포함된 기사가 상위에 표시되는 것을 확인했습니다.

BS "AI를 탑재한 새로운 마이크로소프트 Bing과 Edge의 검색 혁명"이라는 기사의 개요를 알려주세요.

AI 마이크로소프트는 검색 엔진 'Bing'과 브라우저 'Edge'에 챗(대화)과 콘텐츠 생성 기능을 가진 인공지능(AI)을 탑재했다고 발표했습니다. 이 새로운 Bing 체험은 다음의 네 가지 기술적 난관 돌파를 집대성한 것입니다. :

• **차세대 OpenAI 모델** : 새로운 Bing은 챗GPT보다 강력하고 검색 전용으로

일부 변경된 새로운 차세대 OpenAI 대규모 언어 모델로 가동하고 있습니다.

- **챗 기능** : 새로운 Bing은 이용자가 질문을 하면 응답을 제공할 뿐 아니라 추가 질문을 할 수 있습니다.

- **콘텐츠 생성 기능** : 새로운 Bing은 이용자가 입력한 키워드에 기초하여 자동으로 콘텐츠를 생성할 수 있습니다.(후략)

특정한 페이지의 내용을 표로 만든다

검색 결과를 표로 만들어 보기 쉽게 한다

검색 결과를 일람표로 만들고 싶을 때 Bing챗 검색을 사용하면 편리합니다. 모든 페이지를 표로 만들 수 있는 것은 아니지만, 예컨대 전자상거래(EC) 사이트의 제품 일람 페이지는 표로 변환하기 쉽다고 할 수 있습니다.

앞에서 말씀드렸다시피 접속 대상 페이지의 URL을 직접 지정할 수 없기 때문에 관계없는 데이터가 표시된 경우에는 프롬프트 문구를 잘 조정해서 데이터를 취득하고 싶은 페이지가 검색 상위에 오르도록 해주면 됩니다.

또한 표 형식은 Markdown, CSV, TSV 등을 선택할 수 있습니다. Markdown은 표 형식으로 표시되기 쉽고, CSV는 범용 데이터로서 사용하기 쉽다는 특징이 있습니다. 엑셀에 그대로 붙여넣고 싶다면 TSV가 적합합니다.

BS PFU 다이렉트의 Happy Hacking Keyboard 페이지에 게재되어 있는 제품 정보를 TSV 형식의 표로 만들어주세요.

 예, 도와드리겠습니다. PFU 다이렉트의 Happy Hacking Keyboard 페이지에 게재되어 있는 제품 정보를 TSV 형식의 표로 만들어보겠습니다. 아래와 같습니다.

‖ 제품명 ‖ 배열 ‖ 각인 ‖ 색 ‖ 가격(세금 포함) ‖
‖ Happy Hacking Keyboard Professional HYBRID Type-S ‖ 영어 ‖ 있음 ‖ 먹색 ‖ 36,850엔 ‖
‖ Happy Hacking Keyboard Professional HYBRID Type-S ‖ 영어 ‖ 있음 ‖ 흰색 ‖ 36,850엔 ‖ (후략)

07 제품의 스펙을 비교한 표를 작성한다

항목을 지정하기만 하면 곧바로 최신 정보를 반영한 표를 만들 수 있다

일을 하다 보면 다양한 비교표를 만드는 경우가 많습니다. 그러나 이런 작업에는 엄청난 시간과 수고가 듭니다. 이때 Bing챗 검색을 활용할 수 있습니다. **Bing 챗 검색은 정보를 검색하여 응답하기 때문에 최신 정보가 필요한 비교표 등을 작성할 때 최적입니다.** 비교표를 만들 때 포인트는 비교하는 제품명만이 아니라 비교하고 싶은 구체적인 항목도 함께 지정하는 일입니다. 이것으로 목적에 더 가까운 비교표를 만들 수 있습니다.

BS 2020년 이후에 발매된 모든 iPad의 화면 사이즈, 중량, 대응 Apple Pencil, 배터리 용량 항목을 넣은 비교표를 만들어주세요.

AI 2020년 이후에 발매된 모든 iPad의 화면 사이즈, 중량, 대응 Apple Pencil, 배터리 용량 항목을 넣은 비교표는 아래와 같습니다.

iPad모델	화면 사이즈	중량	대응 Apple Pencil	배터리 용량
iPad (8세대)	10.2 인치	Wi-Fi: 1.08파운드 (490그램), Wi-Fi + Cellular: 1.09파운드 (495그램)	Apple Pencil (1세대)	32.4Wh1
iPad Air (4세대)	10.9 인치	Wi-Fi: 1파운드 (458그램), Wi-Fi + Cellular: 1.01파운드 (460그램)	Apple Pencil (2세대)	28.6Wh2
iPad Pro (2세대)	11 인치	Wi-Fi: 1.04파운드 (471그램), Wi-Fi + Cellular: 1.04파운드 (473그램)	Apple Pencil (2세대)	28.65Wh3
iPad Pro (4세대)	12.9 인치	Wi-Fi: 1.41파운드 (641그램), Wi-Fi + Cellular: 1.42파운드 (643그램)	Apple Pencil (2세대)	36.71Wh4

완성된 표에 항목을 추가하고 싶을 때는 그 항목을 추가하라는 지시를 내리기만 하면 표로 다시 작성해줍니다.

BS 가격도 추가하여 다시 표로 만들어주세요.

AI 2020년 이후에 발매된 모든 iPad의 화면 사이즈, 중량, 대응 Apple Pencil, 배터리 용량, 가격 항목을 넣은 비교표는 아래와 같습니다.

iPad모델	화면 사이즈	중량	대응 Apple Pencil	배터리 용량	가격
iPad (8세대)	10.2 인치	Wi-Fi: 1.08파운드 (490그램), Wi-Fi + Cellular: 1.09파운드 (495그램)	Apple Pencil (1세대)	32.4Wh	$329
iPad Air (4세대)	10.9 인치	Wi-Fi: 1파운드 (458그램), Wi-Fi + Cellular: 1.01파운드 (460그램)	Apple Pencil (2세대)	28.6Wh	$599
iPad Pro (2세대)	11 인치	Wi-Fi: 1.04파운드 (471그램), Wi-Fi + Cellular: 1.04파운드 (473그램)	Apple Pencil (2세대)	28.65Wh	$799
iPad Pro (4세대)	12.9 인치	Wi-Fi: 1.41파운드 (641그램), Wi-Fi + Cellular: 1.42파운드 (643그램)	Apple Pencil (2세대)	36.71Wh	$1099

작성한 표의 순번을 바꿀 수도 있습니다. 순번을 바꾸고 싶을 때는 "모델 다음에 가격을 넣은 표로 다시 만들어주세요"라고 지시하면 됩니다.

ONE MORE
표를 작성할 수 없는 경우는?

표를 작성하도록 프롬프트에 입력해도 "공식 사이트를 확인해주세요"라는 응답이 나오는 일이 있습니다. 이 경우에는 새로운 토픽을 만들고 나서 다시 질문해야 합니다.

08 Bing챗 검색을 크롬에서도 편하게 쓰고 싶다

확장 기능을 도입하면 크롬에서도 이용 가능

평소 브라우저로서 크롬을 쓰고 있는 사람 중에는 Bing챗 검색도 크롬에서 사용하고 싶다는 사람도 있을 것입니다. 그런 경우는 크롬의 확장 기능 'Bing Chat for All Browers'를 추천합니다. 이 확장 기능을 사용하면 크롬에서도 Bing챗 검색을 간편하게 이용할 수 있습니다. 한편 크롬에서 이용할 때도 마이크로소프트 계정으로 로그인할 필요가 있습니다.

1 마이크로소프트 계정으로 로그인한다

'Bing Chat for All Browers'을 설치하여 Bing 페이지(https://www.bing.com/)를 열고 '로그인'을 클릭한다. 로그인 화면이 표시되면 화면의 지시에 따라 마이크로소프트 계정으로 로그인한다.

Bing Chat for All Browers
작자 : cho.sh
URL : https://chrome.google.com/webstore/detail/bing-chat-for-all-browser/jofbglonpbndadajbafmmaklbf bkggpo

2 Bing챗 검색을 연다

로그인하면 Bing의 첫 화면으로 돌아가기 때문에 '챗'을 클릭한다.

③ 챗을 시작한다

챗을 시작한다

Bing챗 검색 화면이 표시된다. 이제 챗을 시작하면 된다. 사용법은 에지 때와 마찬가지다.

ONE MORE

곧바로 Bing챗 검색을 열기 위해서는

다른 페이지를 열고 있을 때 Bing챗 검색에 접속하는 것은 다소 번거롭습니다. 그러나 이 확장 기능을 핀 고정해두 면 곧바로 Bing챗 검색에 접 속할 수 있습니다. 마이크로 소프트 계정으로 로그인하지 않은 상태에서 접속하면 챗 화면이 표시되지 않으니 주의 해야 합니다.

크롬의 확장 기능 아 이콘을 클릭하고 'Bing Chat for All Browers' 의 핀을 클릭한다. 확 장 기능이 핀 고정되 어 있기 때문에 아 이콘 → 'Open Bing Chat'를 클릭하면 Bing챗 검색에 접속할 수 있다.

09 Bing챗 검색의 응답을 간결하게 하고 싶다

대화의 스타일을 변경하여 응답을 간결히 한다

Bing챗 검색은 상황이나 목적에 따라 응답의 분위기를 바꿀 수 있는 '대화 스타일'이라는 기능이 있습니다. 디폴트로 '보다 균형 있는' 모드가 선택되어 있는데 이 모드에서는 응답이 길기도 하고 그다지 정확한 응답이 나오지 않는 경우가 있습니다. 이런 경우에는 '보다 정밀한'으로 변경하면 됩니다.

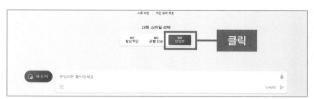

'대화 스타일'에서 '보다 정밀한'을 클릭한다. 이 모드에서 질문하면 정확성을 중시한, 더욱 간결한 응답이 나온다.

ONE MORE

'대화 스타일'에서 선택할 수 있는 세 가지 모드

'대화 스타일'에서 선택할 수 있는 모드는 '보다 창의적인' '보다 균형 있는' '보다 정밀한', 이 세 가지가 있습니다. 각 모드의 특징은 아래와 같습니다. 예컨대 "2024년 프로야구 우승팀을 알려주세요"라고 질문하는 경우 '보다 창의적인'에서는 우승팀을 예상하지만 '보다 정밀한'에서는 사실이 존재하지 않기 때문에 응답을 하지 않습니다.

스타일	특징	응답 예
보다 창의적인	독창적이고 상상력이 풍부한 표현을 목적으로 한 응답이 이루어진다. 정확함보다는 독특한 응답이 필요할 때 선택한다.	"2024년 프로야구 우승팀은 아직 결정되지 않았으나 굳이 예상한다면 LG트윈스가 유력한 후보라고 할 수 있을 것입니다."
보다 균형 있는	정확함과 창조성의 균형을 잡는 것을 목적으로 한 응답을 한다. 알고 싶은 내용을 효율성 있게 알아보고 싶을 때 선택한다.	"2024년 프로야구 우승팀에 대해서는 아직 예상을 할 수 없을 것 같습니다. 다만 2023년의 프로야구 순위 예상을 한 기사가 있으니 참고하면 좋을 것 같습니다."
보다 정밀한	정확함과 관련성을 우선해서 간결하게 응답한다. 단적으로 정확한 응답이 필요할 때 선택한다.	"죄송합니다. 저는 2024년 프로야구 우승팀에 대한 정보를 발견할 수 없었습니다. 그 밖에 뭔가 도움을 줄 수 있는 것이 있을까요?"

CHAPTER 7
10 궁금한 사이트의 특징을 분석하게 한다

접속 전에 유익한 사이트인지 아닌지 확인

어떤 사이트에 처음으로 접속하는 경우 어떤 사이트인지 불안해지는 일도 있을 것입니다. 그럴 때 Bing챗 검색으로 사이트의 대체적인 특징 등을 접속하기 전에 조사할 수 있습니다. 다만 대상 사이트에 따라서는 첫 응답이 전체적인 특징을 간단히 가르쳐줄 뿐입니다. 더욱 상세하게 알고 싶을 때는 질문을 거듭하여 더욱 상세한 정보를 가르쳐달라고 하면 됩니다.

> **BS** 다음 사이트의 특징을 알려주세요. https://blog.naver.com/moimoi1357

> **AI** 이 사이트는 '모이모이의 IT 이야기'라는 블로그입니다. 이 블로그에는 윈도우 10 초기화 및 재설치 방법, 윈도우 사용자 이름 변경 방법 등 다양한 IT 관련 정보가 포함되어 있습니다. 이 블로그는 한국어로 작성되어 있습니다.

ONE MORE
URL을 입력하여 위험도를 알 수도 있다

은행이나 증권회사, 신용카드 회사에서 메일이 도착했을 때 내용이 수상하다고 느끼면 거기에 포함되어 있는 URL을 Bing챗 검색으로 조사해보면 좋을 것입니다. 수상한 URL을 입력하여 물어보면 '어떤 위험을 생각할 수 있는지'를 알려줍니다. Bing이 꼭 올바르게 판단할 수 있는 것은 아니지만, '위험하다'고 한 URL에 접속해서는 안 됩니다.

11 추천하는 책을 제안하게 한다

필요에 따른 책 고르기를 도와준다

챗GPT에서 책을 찾으면 가공의 저자명에 가공의 책을 소개하는 일이 있습니다. 이에 비해 Bing챗 검색에서는, **검색하고 나서 정보를 정리하기 때문에 정보원이 잘못되지 않는 한 존재하지 않은 저자와 책 정보는 나오지 않습니다.**

한편 어떤 책을 추천할지는 정보원인 페이지에 따라 다릅니다. 치우친 정보를 게재한 페이지를 Bing이 이용했을 경우, 응답도 치우친 것이 됩니다. 그 점을 주의해야 합니다.

영업 기술을 배우기 위한 추천 도서를 수준별로 알려주세요.

영업 기술을 향상시키기 위한 추천 도서를 수준별로 알려드리겠습니다.

초급자를 위한 추천 도서:

『**영업의 신 100법칙**』 : 영업의 기본적인 개념과 영업사원이 가져야 할 자질, 고객과의 대화 방법 등 초보자들이 필요한 내용을 담고 있습니다.

중급자를 위한 추천 도서:

『**팔지 마라 사게 하라**』 : 유명한 쇼핑 호스트인 장문정의 책으로, 제품을 파는 다양한 전략을 화술적으로 접근하는 방법을 다룹니다.

『**나는 인생에서 알아야 할 모든 것을 영업에서 배웠다**』 : 중졸 중퇴 출신이지만

억대 연봉 영업자가 된 안규호의 인생담과 더불어, 그만의 영업 철학을 전합니다.

고급자를 위한 추천 도서:

『퍼펙트 세일즈』: 베테랑 세일즈맨인 서명식의 책으로, 세일즈 노하우와 스스로의 세일즈 시스템을 만들기 위한 끊임없는 노력 등 고급자들이 필요한 내용을 담고 있습니다.

저희가 추천해드린 도서들이 도움이 되셨으면 좋겠습니다!

ONE MORE
온라인 서점을 지정하여 참고하게 한다

예컨대 "교보문고 인터넷 서점의 판매 순위를 참고해서 경제경영서를 추천해주세요"라는 식으로 지시하면 사이트 내의 데이터를 참조하여 추천하는 책을 골라줍니다.

찾는 책을 소장하고 있는 도서관을 조사한다

절판본을 소장하고 있는 도서관을 간단히 찾는다

출판된 지 오래되어 절판되거나 품절되어 서점에서 구할 수 없는 책이나 중고 서점에서 비싸게 팔기 때문에 입수하기 힘든 책을 찾는 경우, 도서관을 찾아가게 됩니다. 도서관에 소장되어 있는 책을 찾기 위해서는 각 지역이나 각 도서관 사이트 또는 '국가자료종합목록'(https://www.nl.go.kr/kolisnet/index.do)에서 검색하는 것이 일반적이지만, **Bing챗 검색이라면 굳이 사이트를 방문하지 않아도 검색할 수 있습니다.** 상세한 것을 확인하고 싶다면 결과에 표시되거나 링크를 클릭하여 각 사이트를 확인하면 됩니다.

BS "코인로커 베이비스"라는 책을 소장하고 있는 도서관을 알려주세요.

 도서관에서 "코인로커 베이비스"라는 무라카미 류 작가의 장편소설을 소장하고 있습니다. 이 책은 2004년에 출판되었습니다.

서울시내의 서울도서관과 연세대학교 도서관에서 이 책을 대출할 수 있습니다

이 결과는 '대화 스타일'로 '보다 균형 있는'을 선택해서 얻어진 것입니다. '보다 창의적인'을 선택하면 소장되어 있는 도서관 정보뿐만 아니라 저자 정보 등도 아울러 가르쳐주는 일이 있습니다.

CHAPTER 7
13
여러 사이트에 올라온 리뷰를 체크하고 싶다

 모델 번호 등의 정보를 알려주면 곧바로 요약할 수 있다

어떤 제품을 구입해야 할지 알고 싶을 때 여러 사이트 리뷰를 하나하나 검색해서 알아보는 것은 번거롭습니다. 최신 정보도 참조하여 응답하는 Bing챗 검색이라면 **제품을 알려주기만 하면 간단히 장점과 단점을 요약해서 정리해줍니다.** 제품명보다 제품의 모델 번호를 지정해주어야 더 정확한 정보를 얻을 수 있습니다.

> **BS**
>
> 다섯 개 이상의 사이트에서 U4021QW의 리뷰를 참조하고 장점과 단점을 각각 세 개 이상 열거해주세요.

> **AI**
>
> Dell U4021QW의 리뷰를 다섯 개 이상의 사이트에서 참조하고 각각의 장점과 단점을 세 개씩 열거해달라는 것이군요. 아래에 검색 결과에서 얻은 정보를 정리해보았습니다.
>
> 【장점】
> • 해상도가 5K2K로 굉장히 깨끗한 화면이 표시된다.
> • 도킹 스테이션(docking station) 기능이 있어 접속성이 좋다.
> • 40인치의 대형 화면으로 작업 효율이 올라간다.
>
> 【단점】
> • 가격이 비싸다.
> • 휘도가 부족하다.
> • 음성 출력이 없다.
>
> 이상, 참고가 되었으면 좋겠습니다. 만약 달리 뭔가 알고 싶은 것이 있으면 부담 없이 물어봐주세요.

챗GPT를 좀 더
잘 다루기 위해서는

쉬운 문장으로
설명하게 한다

어려운 말을 쓰지 않고 응답하게 할 수도 있다

챗GPT는 프롬프트의 지시가 자세할수록 더 정확한 응답을 얻을 수 있지만, 전문용어나 어려운 단어를 쓴 응답이 나오는 경우도 있습니다. 만약 **더 쉬운 응답을 얻고 싶다면, 누구를 대상으로 한 응답인지를 추가하면 효과적입니다.** 가령 평이한 단어로 된 응답을 얻고 싶을 때는 "초등학교 3학년도 이해할 수 있게" 같은 지시를 덧붙이면 됩니다.

 초등학교 3학년 학생도 알 수 있도록 세금에 대해 가르쳐주세요.

 네, 초등학교 3학년 학생을 위한 간단한 설명을 해볼게요!

세금이라는 것을 상상하려면, 우리가 놀이터나 도서관, 공원 같은 공공시설을 사용하곤 한다는 것을 생각해보세요. 이런 곳들을 지키고, 관리하고, 새로운 것들을 만들기 위해서는 돈이 필요해요. 그 돈은 어디서 나오는 걸까요?

바로 우리나라 사람들이 내는 '세금'에서 나와요. 성인이 되면 일하면서 돈을 벌죠? 그 돈 중에 작은 부분을 정부에 내는데, 그게 바로 세금이에요. 그리고 정부는 그 돈을 모아서 도로, 학교, 병원 같은 곳에 쓰는 거예요.

세금은 마치 우리가 서로 도와서 큰 놀이터나 도서관을 만들기 위해 조금씩 돈을 모아 놓는 것과 같아요. 그래서 세금을 잘 내는 것은 중요한 일이에요!

CHAPTER 8 02 응답이 도중에 끊겼을 때 그다음을 이어서 쓰게 한다

긴 응답은 도중에 끊기는 일이 있다

챗GPT에서는 응답이 길어지면 도중에 응답의 출력이 멈춰버립니다. 그런 경우에는 "**이어서 써주세요**" "**계속해**" "**go on**" 등을 프롬프트에 쓰면 그다음이 이어서 **나옵니다.** 만약 흐름이 제대로 이어지지 않을 때는 응답의 마지막 부분을 복사하고 붙여넣기를 해서 "이것 다음을 이어서 써주세요" 등으로 지시하면 됩니다.

효과적인 프레젠테이션에 대해 가르쳐주세요.

효과적인 프레젠테이션에는 아래의 포인트가 있습니다.
1. 목적을 명확히 한다 : 프레젠테이션을 하기 전에 무엇을 전하고 싶은지 명확히 하는 것이 중요합니다. 프레젠테이션의 목적을 명확히 함으로써 청중에게 더욱 이해하기 쉬운 내용을 전달할 수 있습니다.
(중략)
6. 질의응답에 대응한다 : 프레젠테이션 마지막에는 질의응답 시간을 두는 것이 중요합니다. 청중의 질문에 자신 있게 대답함으로써 청중에게 만족도 높은 프레젠테이션을 할 수 있습니다.

그다음을 이어서 써주세요.

7. 스토리텔링을 도입한다 : 프레젠테이션에 스토리텔링을 도입함으로써 청중에게 흥미를 유발할 수 있습니다. 스토리텔링은 정보를 전할 뿐 아니라 청중의 감정에 호소할 수 있습니다.(후략)

03 질문을 거듭하여 원하는 응답을 얻는다

상세한 것을 추가하여 범위를 좁혀간다

질문 내용이 막연하거나 범위가 넓은 내용이면 챗GPT의 응답이 마음에 들지 않는 경우가 있습니다. 그럴 때는 **추가 정보를 더해 방향성을 좁히는 질문을 거듭하면 됩니다.**

> **BS** 미국의 소비세에 대해 알려주세요.

> **AI** 미합중국에는 국민 전체에 일률적인 소비세가 존재하지 않습니다. 그 대신 주나 지자체에 따라 독자적인 소비세가 도입되어 있습니다. 일반적으로 상품이나 서비스에 대한 소비세율은 지역에 따라 다릅니다.
> 예컨대 뉴욕시는 현재 종합소비세가 8.875퍼센트이고 주세(州稅)가 4퍼센트, 시세(市稅)가 4.5퍼센트, 지방세가 0.375퍼센트로 구성되어 있습니다. 다른 주나 지자체에서는 소비세율이 다른 경우가 있습니다. 또한 일부 상품이나 서비스에는 특별한 세율이 적용되는 경우가 있습니다.
> 다만 미국에는 연방세로서 '판매세'라는 세금이 있습니다. 이는 일부의 특정 상품이나 서비스에 부과하는 소비세를 말하는데 주나 지자체의 소비세와는 별도로 징수합니다. 구체적으로는 담배, 알코올, 통신 서비스, 항공권, 의료 기기 등에 부과하는 경우가 있습니다.

여기서는 우선 미합중국의 소비세에 대해 질문했습니다. 주나 시에 따라 소비세의 세율 등은 다르기에 지역에 한정한다거나 **'상세하게' 또는 '간결하게'라는 문구를 추가하면 응답의 내용은 대폭 달라집니다.** 필요에 따라 키워드를 추가하며 질문을 거듭해야 합니다.

챗GPT
응답의 정밀도를 높인다(1)

필요하다면 챗GPT가 질문하도록 촉구한다

챗GPT에 익숙해지면 "어떻게 질문하면 챗GPT로부터 제대로 된 응답을 이끌어낼 수 있을까" 하는 점에 눈길이 가기 십상입니다. 그런데 **빠져 있는 정보가 없**는지를 챗GPT에 질문하게 하는 것도 좋습니다.

BS 새 점포의 인테리어에 대한 아이디어를 제시해주세요.

이 작업에서 최고의 결과를 내기 위해 추가 정보가 필요하다면 질문해주세요.

AI 새 점포가 어떤 타입의 점포인지, 어떤 상품이나 서비스를 제공하는지에 대해 상세한 사항을 알려줄 수 있습니까? 또 그 점포가 어떤 분위기를 지향하고 있는지, 타깃으로 하는 고객층이 어떤 사람인지에 대해서도 알려줄 수 있습니까? 그것에 따라 더 적절한 아이디어를 제공할 수가 있습니다.

이렇게 챗GPT에게 질문하게 하고 그것에 꼼꼼하게 대답함으로써 더 나은 응답을 얻을 수 있습니다.

BS 새 점포는 저가의 의류 잡화를 취급하는 곳으로, 대규모 상업시설의 저층에 위치합니다. 타깃은 십 대에서 대학생 정도까지이고, 밝고 톡톡 튀는 분위기를 지향하고 있습니다.

AI 감사합니다. 아래는 새 점포의 몇 가지 인테리어 아이디어입니다.
(후략)

챗GPT
응답의 정밀도를 높인다(2)

 '스텝 바이 스텝 방식'으로 덧붙여가며 질문한다

다소 어렵다고 생각되는 것을 챗GPT에 심플하게 질문한 경우, 응답으로 짤막한 개요 설명만이 제시되어 약간 이해하기 어려운 경우가 있습니다. 특히 다수의 순서를 수반하는 복잡한 케이스는 더욱 그렇습니다.

더 쉽게 이해할 수 있는 대답을 얻으려면 **프롬프트에 '스텝 바이 스텝 방식으로'라는 말을 덧붙여 질문하면 좋을 것입니다.** 그러면 항목별 기재 방식으로 순서를 잘 알 수 있도록 정리된 설명을 포함한 응답을 얻을 수 있습니다.

BS ABC 분석이란 무엇인지를 스텝 바이 스텝 방식으로 알려주세요.

AI ABC 분석은 재고 관리나 조달 관리 등의 비즈니스 분야에서 사용되는 중요 성분석 방법의 하나입니다. 주로 제품이나 서비스의 우선순위를 결정하기 위해 이용됩니다.

1. 스텝 1 : 대상이 되는 아이템을 결정한다
ABC 분석의 최초 스텝은 분석 대상이 되는 아이템을 결정하는 것입니다. 예컨대 상품 재고 관리의 경우, 대상이 되는 아이템은 재고가 있는 상품의 목록입니다.

2. 스텝 2 : 아이템의 매출액과 비용을 집계한다
다음으로 대상이 되는 아이템의 매출액과 비용 등의 정보를 수집합니다. 예컨대 상품 재고 관리의 경우, 각 상품의 연간 매출액과 제조 비용을 집계합니다.
(후략)

CHAPTER 8
06 챗GPT 응답의 정밀도를 높인다(3)

영어로 질문하면 응답의 정밀도가 높아진다

챗GPT는 많은 언어를 지원하고 있고, 어떤 언어로 질문해도 그 나름의 응답을 해줍니다. 그러나 자연 언어 처리 분야에서는 영어가 가장 연구가 진전된 언어이기 때문에 **영어로 질문하면 응답의 정밀도가 가장 높습니다.**

하지만 영어로 질문하기가 어려운 사람도 많을 것입니다. 그럴 때는 **한국어로 입력한 질문을 영어로 번역하고, 얻은 응답을 다시 한국어로 번역하도록 지시를 내립니다.** 이것으로 한국어로 질문하는 것보다 응답 정밀도의 상승을 기대할 수 있습니다.

BS 아래의 질문을 영어로 번역하고, 영어로 응답해주세요. 또 그 응답을 다시 한국어로 번역해주세요.

챗GPT가 앞으로 맞이하게 되는 전망을 간단히 요약해주세요.

Summary of the prospects that ChatGPT is heading towards :

ChatGPT is expected to continue advancing in the field of natural language processing, with ongoing efforts to improve its language understanding and generation capabilities. (중략)

챗GPT가 나아갈 전망은 아래와 같습니다.

챗GPT는 자연어 처리 분야에서 계속 발전할 것으로 예상되며, 언어 이해와 생성 능력을 향상하기 위한 노력이 이어질 것으로 기대됩니다. (후략)

07 챗GPT 응답의 정밀도를 높인다(4)

✦ '후카쓰식 프롬프트'를 이용해보자

'후카쓰식 프롬프트'는 note 주식회사의 CXO인 후카쓰 다카유키(深津貴之)가 제시한 프롬프트 시스템을 말합니다. 아래와 같은 양식에 따라 질문을 정리하고 나서 챗GPT에 지시함으로써 얻을 수 있는 응답을 최적의 방향으로 유도할 수 있어 몇 번이고 질문을 거듭하는 수고를 덜 수 있습니다.

✓ 후카쓰식 프롬프트의 양식

#명령서

당신은 ㅇㅇㅇ의 ㅁㅁㅁ입니다. ← 직업 등 입장을 규정

아래의 제약 조건에서 ◇◇◇의 △△△을 출력해주세요. ← 원하는 정보의 종류나 형식을 지정

제약 조건 :

(명령 내용을 보충·한정하는 조건을 항목별 기재 방식으로 열거한다)

입력문 :

(요약 등으로 취급할 텍스트가 있는 경우는 여기에 붙인다)

출력문 :

"당신은 ㅇㅇㅇ의 ㅁㅁㅁ입니다" 부분에는 '최고의 플래너'나 '프로 애널리스트' 등처럼 긍정적인 말 + 직업과 입장을 드러내는 말을 넣습니다. "◇◇◇의 △△△을 출력" 부분에는 '최고의 설명'이라든가 '최선의 제안' 등처럼 긍정적인 말 + 얻

고 싶은 출력 결과를 나타내는 말을 넣습니다.

명령서
당신은 최고의 에디터입니다.
아래의 제약 조건에서 최고의 요약을 출력해주세요.

제약 조건 :
• 글자 수는 1000자 정도.
• 대상 독자는 중학생.
• 중요한 키워드는 반드시 담을 것.
• 간결하고 알기 쉬운 문장으로.

입력문 :
일반적으로 '회사'라 불리지만 대부분 '주식회사'라는 형태이고, 회사는 출자자로부터 출자금을 얻는 대신 주식이라는 일종의 권리를 발행합니다. 이전에 주식은 '주권(株券)'이라는 종이 형태였으나 현재는 전자화되었습니다. 주식을 소유하고 있는 경우, 주주총회의 투표로 의견을 표명할 수 있는 것 외에 실적이 좋으면 '배당'이라는 형태로 금전적인 이익을 얻을 수도 있습니다. 또 그 회사가 성장하여 주식의 가치(주가)가 상승하면 최초에 주식을 얻었을 때보다 높은 가격으로 매각할 수도 있으므로 차액을 이익으로 얻을 수 있습니다. 다만 주식을 매각하면 주주총회에서 투표를 하거나 배당금을 받을 권리를 잃습니다.

#출력문 :

'주식회사'라 불리는 회사는 출자자로부터 돈을 받아 주식을 발행합니다. 주주는 투표나 배당금으로 이익을 얻을 수 있는 것 외에 주가가 오르면 매각하여 이익을 얻을 수도 있습니다. 다만 주식을 팔면 권리를 잃습니다.

요약 등과 같은 사례와 달리 근거가 되는 데이터나 문장이 없는 경우, '#입력문:' 난은 공백이어도 상관없습니다.

ONE MORE

명령서로 지정하는 이런저런 직업

후카쓰식 프롬프트를 사용할 때 비즈니스 등 딱딱한 분야를 상정하기 십상이나 그렇지 않은 분야라도 상관없습니다. 예컨대 '프로 인테리어 디자이너'로서 집의 리모델링 계획을 작성하게 하거나 '경험이 풍부한 카운슬러'로서 사적인 것을 상담해보거나 '최고의 베이비시터'로서 아이들이 좋아하는 놀이를 제안하게 하거나…… 같은 사용법도 괜찮습니다.

CHAPTER 8

08 장문을 챗GPT에게 읽게 한다(1)

글을 나누어서 먼저 읽게 한 후 마지막에 지시를 내린다

챗GPT에서는 한 번에 입력할 수 있는 글자 수에 제한이 있습니다. 그러나 **텍스트를 분할하여 읽게 하여 기억하게 한 후 마지막에 지시를 내리는 방식을 취하면 꽤 긴 문장이어도 다룰 수 있습니다.** 다만 상당히 명확하게 지시를 기다리라는 요구를 하지 않으면 도중에 멋대로 작업을 시작해버리는 일이 있으므로 주의해야 합니다.

BS 지금부터 텍스트를 여러 개로 분할하여 건넬 것입니다. 그 내용을 요약해주세요. 제가 "요약해주세요"라고 말할 때까지는 요약 작업을 시작하지 말아주세요. 그 대신 "다음 입력을 기다리고 있겠습니다"라고만 출력해주세요.

AI 분할한 텍스트 내용을 요약하기 위해서는 분할한 텍스트가 제공될 필요가 있습니다. 요약 작업을 시작하기 전에 입력 대기를 알리기 위해 "다음 입력을 기다리고 있겠습니다"라고 출력하라는 지시를 받았습니다.

BS 회계(會計, 영어: accountancy, accounting)는 이해관계자의 재산의 변동을 측정하고 분석하여 이를 이해관계자에게 보고하는 시스템을 말한다.
최초의 회계는 돈이 들어오고 나가는 것을 기록한 것이며 고대 바빌로니아, 이집트, 그리스, 로마에서 시작되었다. 후에 중세에 들어서면서 상업이 발달하기 시작했는데 이때부터 복식부기가 등장했다. 복식부기는 이탈리아의 피렌체, 베네치아와 같은 도시 국가들에서 발달하기 시작했다. 복식부기 원리는 1494년 출판된 베네치아의 수도사이자 수학자인 루카 파치올리의 책 《산술 · 기하 · 비례 및 비율 요론》에서 처음으로 소개되었다.

173

다음 입력을 기다리고 있겠습니다.

현대 부기는 산업혁명을 계기로 제품의 정확한 원가계산이 필요해지면서 파치올리 부기에서 발달하게 된다. 산업혁명 이후 등장한 주식회사의 개념도 회계에 상당한 영향을 미쳤다. 투자자들을 상대로 주식을 발행하여 대규모 투자가 가능해지자 회계기간이라는 개념이 생겨난 것이다. 또한 투자자들의 배당금 지급을 위한 손익계산의 정확성과 배당 이익의 산출 기준, 손익측정상의 발생주의와 실현주의, 자산 평가의 보수주의, 충당금 내지 적립금 등의 회계 이론과 회계 기법의 발달, 세무와 법률 규제 등의 개념을 등장시킨 것이 주식회사의 등장이었다.

다음 입력을 기다리고 있겠습니다.

기업들은 경영활동을 효율적으로 수행하기 위하여 영업활동, 투자활동 및 재무활동을 나누어 수행한다. 이때 정보이용자들은 주주, 채권자, 정부 등과 같은 외부정보이용자와 경영자, 직원과 같은 내부정보이용자로 나뉘는데 이들은 기업의 이해관계에 많은 관심을 가지므로 기업의 경영 활동에 관한 정보를 알고 싶어한다. 따라서 기업은 정보이용자들의 이런 요구에 충족하기 위해서 기업의 회계정보를 산출하여 이를 필요로 하는 사람들에게 제공하는 과정이 회계다.

다음 입력을 기다리고 있겠습니다.

요약해주세요.

회계는 이해관계자의 재산 변동을 측정하고 분석하여 보고하는 시스템입니다. 최초의 회계는 고대 문명에서 시작하여, 중세의 상업 발달과 함께 복식부기가 이탈리아에서 발전했습니다. 루카 파치올리는 복식부기 원리를 처음으로 소개했습니다. 산업혁명을 통해 현대 부기가 발달했고, 주식회사의 등장은 회계기간, 손익계산, 회계 이론 및 기법 등의 개념을 도입했습니다. 현대 기업들은 영업, 투자, 재무 활동을 나누어 수행하며, 이러한 활동의 정보는 외부와 내부 정보이용자에게 제공됩니다. 회계의 주요 목적은 이러한 정보이용자들의 요구를 충족시키는 것입니다.

09 장문을 챗GPT에게 읽게 한다(2)

전용 서비스로 간단히 장문을 요약하기 위해서는

챗GPT에서는 프로그램과 마찬가지로 프롬프트에서 변수를 사용할 수 있습니다. **변수에 텍스트를 넣어둠으로써 장문을 취급할 수 있게 됩니다.** 다만 명령의 기술(記述)과 텍스트의 분할은 귀찮기 때문에 여기서는 전용 서비스 'ChatGPT PROMPTs Splitter'(https://chatgpt-prompt-splitter.jjdiaz.dev/)를 써서 손쉽게 장문을 요약하는 방법을 소개하겠습니다.

1 읽게 하고 싶은 텍스트 전체를 붙여넣는다

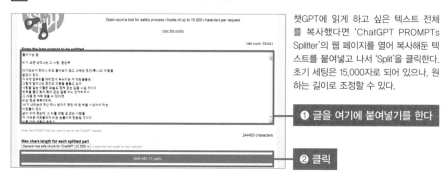

챗GPT에 읽게 하고 싶은 텍스트 전체를 복사했다면 'ChatGPT PROMPTs Splitter'의 웹 페이지를 열어 복사해둔 텍스트를 붙여넣고 나서 'Split'을 클릭한다. 초기 세팅은 15,000자로 되어 있으나, 원하는 길이로 조정할 수 있다.

① 글을 여기에 붙여넣기를 한다

② 클릭

2 글이 분할된다

분할된 글들을 클릭하여 복사한 후 챗GPT의 프롬프트로서 붙여넣기를 하고 엔터 키를 누른다. 이를 순서대로 실행한다.

클릭

마지막까지 챗GPT에 글을 읽히면, 아래처럼 읽힌 글 전체를 정리한 글이 출력됩니다.

[sec1]~[sec3]의 내용을 정리해서 기사를 써주세요.

이 기사는 「오락과 행복의 관계성에 대해」를 테마로 하여 [sec1]에서 [sec3]에서 말한 내용을 정리한 것입니다.

[sec1]에서는 오락에 대한 정의와 오락이 가지는 중요성, 그리고 오락에는 다양한 종류가 있다는 것이 서술되었습니다. 오락은 사람들의 스트레스를 줄여주기도 하고 긴장을 풀어주기도 하는 기능이 있어 생활에 필수 불가결한 것으로 여겨지고 있습니다.

[sec2]에서는 행복이라는 개념을 설명하고 있습니다. 행복이란 개인의 주관적인 감정이고 사람 각자가 행복의 정의나 목표를 갖고 있다는 것이 강조되었습니다. 또한 행복의 요소에는 건강과 인간관계, 자기실현 등을 들고 있습니다.

[sec3]에서는 오락과 행복의 관계성에 대해 깊이 파고들었습니다. 오락을 목적으로 하는 것은, 행복을 추구하기 위한 수단으로서 유효한 것으로 여겨지고 있습니다. 오락은 어디까지나 행복을 추구할 때 필요한 수단이고, 오락을 통해 얻을 수 있는 쾌락이 행복의 원천이 되는 것은 아니라고 주장했습니다.
(후략)

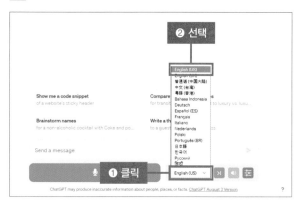

챗GPT와 음성으로 대화하기

영어 회화 학습 등에 활용할 수 있다

챗GPT는 텍스트로 대화하는 것이 기본이지만 크롬의 확장 기능 'Voice Control for ChatGPT'를 사용하면 음성으로도 대화할 수 있습니다. 프롬프트도, 응답도 음성으로 할 수 있기에 영어 회화 학습에 최적입니다. 또 낭독 언어로 한국어를 설정하면 영문이 한국식 영어 같은 발음으로 낭독되기 때문에 영어 회화에 사용하는 경우는 'English(US)'를 선택해야 합니다.

1 낭독 언어를 설정한다

'Voice Control for ChatGPT'를 설치하면 챗GPT의 프롬프트 아래에 조작 영역이 추가된다. 영어 회화로 사용하는 경우는 'English(US)'를 선택한다.

Voice Control for ChatGPT
개발자 : Theis Frøhlich
URL : https://chrome.google.com/webstore/detail/voice-control-for-chatgpt/eollffkcakegifhacjnlnegohfdlidhn

2 청취 상태를 온으로 한다

언어 설정이 끝나면 마이크 아이콘이 있는 가로로 긴 버튼을 클릭한다.

③ 마이크에 말한다

청취 모드가 되기 때문에 컴퓨터의 마이크에 지시 내용을 말한다. 여기서는 영어로 'talk to me'라고 말했다. 인식한 어구가 버튼 위에 표시되기 때문에 문제가 없으면 그대로 버튼을 클릭한다.

② 청취 상태를 온으로 한다

말한 내용이 프롬프트로서 실행되고, 표시된 응답이 음성으로 나온다.

ONE MORE

낭독 속도는 조정 가능

표준 설정으로는 낭독 속도가 보통으로 설정되어 있으나 기호에 따라 속도를 조정할 수 있습니다. 영어 학습 초보여서 표준으로 알아듣기 힘든 경우에는 다소 느리게 설정해두면 좋을 것입니다.

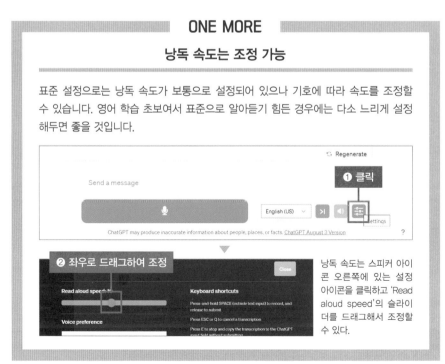

낭독 속도는 스피커 아이콘 오른쪽에 있는 설정 아이콘을 클릭하고 'Read aloud speed'의 슬라이더를 드래그해서 조정할 수 있다.

챗GPT와의
대화 기록을 저장하고 싶다

챗을 텍스트 파일로 저장할 수 있다

챗GPT의 챗 이력은 자동으로 저장되지만, 챗GPT 측에서 장애 등이 발생하여 지워질 가능성이 있습니다. 만약 저장해두고 싶은 챗 이력이 있을 때는 수동으로 저장하는 게 좋습니다. 복사하고 붙여넣기는 귀찮기에 크롬의 확장 기능 'Save ChatGPT'를 사용합니다. 이 확장 기능은 **챗 이력을 텍스트 형식 파일로 저장할 수 있습니다.**

1 확장 기능을 핀 고정한다

'Save ChatGPT'를 설치하고 크롬의 확장 기능 아이콘 → 'Save ChatGPT'의 핀을 클릭한다. 'Save ChatGPT'가 핀 고정된다.

Save ChatGPT
개발자 : Next Block
URL : https://chrome.google.com/
webstore/detail/save-chatgpt/icc
mddoieihalmghkeocgmlpilhgnnfn

2 저장할 챗을 연다

챗GPT를 열고 화면 왼쪽 위의 챗 이력에서 저장할 챗을 클릭한다.

③ 챗을 저장한다

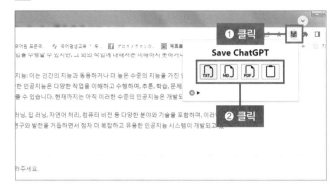

핀 고정한 'Save ChatGPT' 아이콘을 클릭한다. 표시된 'Save As'를 클릭한다.

④ 저장하고 파일을 연다

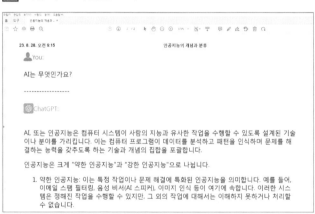

'다른 이름으로 저장' 창이 표시되기 때문에 저장 장소를 선택한다. 파일명 마지막에 '.txt'로 입력하고 '저장'을 클릭하면 저장할 수 있다. 저장한 텍스트 파일을 열면 챗 내용이 오래된 것부터 순서대로 확인할 수 있다.

ONE MORE

대화 기록 전부를 한번에 저장하려면

대화 기록 저장 기능은 챗GPT 시스템에서도 제공되고 있습니다. 챗GPT의 프롬프트 입력 화면 왼쪽 아래의 'Settings' → 'Export data'를 클릭하면 추출 여부를 묻기 때문에 'Confirm export'를 클릭합니다. 그러면 등록된 메일 주소로 다운로드 링크를 보내옵니다. 링크를 클릭하면 대화 기록을 HTML 형식으로 변환하고, 다시 압축한 ZIP 파일을 다운로드할 수 있습니다.

Gmail에서 간편하게
챗GPT를 이용한다

'ChatGPT for Gmail by cloudHQ'를 사용한다

메일에 챗GPT를 사용하면 답장을 간단히 쓸 수 있습니다. 다만 메일 내용과 응답을 복사하고 붙여넣기를 하거나 화면을 바꾸는 수고를 해야 합니다. 그럴 때는 크롬의 기능 확장인 'ChatGPT for Gmail by cloudHQ'로 더 간편하게 쓸 수 있습니다.

'ChatGPT for Gmail by cloudHQ'는 브라우저인 **Gmail에서 메시지를 작성할 때 일부러 챗GPT의 화면으로 이동하지 않아도 내용을 자동 생성하는 기능을 이용할 수 있습니다.** 몇 줄의 항목별 기재를 입력하기만 하면 되기 때문에 손쉽게 시간을 단축할 수 있습니다.

1 새 메일로 ChatGPT for Gmail을 불러낸다

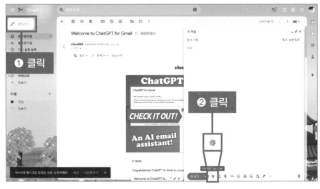

'ChatGPT for Gmail'을 설치하고 Gmail에 접속하여 '편지쓰기'를 클릭한다. '새 메일' 화면이 표시되면 왼쪽 아래에 있는 'ChatGPT for Gmail' 아이콘을 클릭한다.

ChatGPT for Gmail by cloudHQ
개발자 : cloudHQ LLC
URL : https://chrome.google.com/webstore/detail/chatgpt-for-gmail-by-clou/fcblgiphlneejkokhnaagmjombnfdnog

2 메일의 개요를 입력하여 자동 생성을 시작한다

메일에 담고 싶은 요소를 입력하고 'Generate email'을 클릭한다.

❶ 메일의 개요를 입력   Cancel   Generate email   ❷ 클릭

3 생성된 메일의 내용을 확인하고 수정하여 보내기

메일 쓰기 화면에는 건명과 본문이 생성되기 때문에 내용을 확인하고 필요에 따라 수정한다. 보내는 곳 등을 설정한 후 '보내기'를 클릭한다.

❷ 클릭   ❶ 내용을 확인하고 필요에 따라 수정

ONE MORE

구글 'Bard'는 챗GPT의 유력한 라이벌?

여기저기에서 AI를 활용한 서비스를 발표했습니다. 대부분은 개발 중이거나 단순한 개발 표명을 한 것이지만 그중 구글이 공개한 'Bard'가 가장 주목을 받고 있습니다. 구글은 이전부터 대규모 언어 모델의 개발에 주력했습니다만, 인터넷 검색의 최대 대기업으로서 현 상황에 수수방관하고 있을 수 없어서 당초에 예정했던 공개를 더욱 앞당긴 것으로 추측됩니다.

'Bard'는 원래 '음유시인'이라는 의미입니다. 챗GPT에 비해 커다란 이점으로는 최근 인터넷상의 정보를 반영한 응답을 생성할 수 있다는 점입니다. 챗GPT에 비해 응답의 생성이 늦어지거나 부정확한 응답이 많다는 결점도 보이는 것 같습니다. 다만 이런 점은 개발이 진행되면 개선을 기대할 수 있을 것입니다.

1도 모르는 사람을 위한 챗GPT 입문서

5분 뚝딱 챗GPT

1판 1쇄 2023년 10월 20일
   2쇄 2024년 11월 10일

지 은 이 ChatGPT 비즈니스 연구회
옮 긴 이 송태욱

발 행 인 주정관
발 행 처 북스토리㈜
주   소 서울특별시 영등포구 양산로91
         리드윈센터 1303호
대표전화 02-332-5281
팩시밀리 02-332-5283
출판등록 1999년 8월 18일(제22-1610호)
홈페이지 www.ebookstory.co.kr
이 메 일 bookstory@naver.com

ISBN 979-11-5564-321-1 04000
      979-11-5564-288-7 (세트)